実践できる！ 保育所・施設・幼稚園・認定こども園 実習テキスト

保育者になる人のための
実習ガイドブック
A to Z

名須川 知子【監修】

田中 卓也・松村　齋・小島 千恵子・岡野 聡子・中澤 幸子【編著】

HOUBUNSHORIN
萌文書林

はじめに

　すてきな保育者になりたい！　それは、この本を手にした皆さんの願いだと思います。それは、幼い頃にやさしい保育士さんに出会ったり、幼稚園の先生との楽しい思い出があったり、というような貴重な体験から生まれているのかもしれません。あるいは、少し大きくなってから、弟や妹の面倒を見たり、近くの幼い子どもたちに出会ったりして、なんだか心がほっこり、やさしい気持になれたから……という理由によるものなのかもしれません。

　幼い子どもたちの仕草や表情は、とても魅力的でかわいらしいし、子どもが何をしていても、じっと見ていると時間を忘れてしまう……といった、この世のなかではとても不思議な存在であるのが、「おさなご」なのでしょう。明治初期に幼稚園がわが国に入ってきた頃、その名称の漢字のルビを「おさなごのその」とつけていました。この名称こそ、やわらかさ、やさしさ、あたたかさを表しているともいえます。

　実は、このような感じをもつことが人間らしさ、人としての生きるよろこびを与えてくれているのです。将来の職業を選択するときに、その感触を心で受けとめているあなたは、人間らしい感性を十分にもっていると思います。

　その子どもたちのかたわらにいて、ともに時間を共有し心の交流をもてるという保育者という職業、そして、そのための専門性をもつという志はとても尊いものだと思います。今は、単に「かわいいから」という言葉しか出てこなくても、この子どもたちとともに成長する保育者になることを学ぶことで、子どもにとってはかけがいのない親以外の近い存在の大人として存在することになるのです。

　そのためには、まず、子どもと一緒に考えられる大人になる必要があります。もうすでに成人した私たちには、子ども心になることは、とても難しいことです。どうしても上からの目線で子どもの様子を見て、子どもに教えて、子どもを助けてしまう位置をなくすことは意識しないとできないことでしょう。このもっとも大切な専門性を学ぶには、理論的なことを知るだけではできません。それこそ、自分が実際に子どもに関わりながら、体験して、その体験から学ぶという方法をとらなくてはなりません。

　そのために、保育での現場での実習が必要になります。もちろん実習に行く前には何が大切なことで子どもの成長を促すためには必要なことは何であるのか、きちんと言葉にして頭のなかに入れておくこと、すなわち大学や専門学校などでの講義での学びを自分のものにすることが前提です。しかし、在学期間中に子どもたちのいる場所に行くことは、その学びを体験的に確かめるよい機会になります。また、聞いていただけでは、わからなかったこと、関わらないとわからなかったことがたくさん出てきます。そのこともこれからの保育者としての専門性を高める大切なポイントなるところです。

　実習は、これから保育者として経験を積む第一歩としては短い期間です。しかし、はじめの一歩は、人生にとっても大きな一歩になります。その期間を豊かな学びのときとするため、本書はわかりやすく、ていねいに述べています。

まず、実習と講義の役割について、「すてきな先生」というキーワードで示しています。また、実習前の大切なことにもふれています。次に、保育者の専門性と職業としてあるべき姿が説明され、第3章、4章からは、保育所とは、そこでの実習内容、第5章、6章では多種類ある施設の意味と実習内容、第7章、8章では、幼稚園の意味、役割、とその実習内容、さらに第9章、10章では、認定こども園の概要、実習内容が具体的な子どもの様子の事例をとおして説明してあります。また、第11章からは実習日誌について、日誌を書く意味、そしてその記録方法をていねいに示しています。第12章は、いよいよ子どもの前に立つ実習生として、一番悩むところである指導案の作成について、言葉遣いも含めて書き方を示唆しています。続いて第13章では実習生としてのマナー、第14章では子どもやほかの保育者との関わりについて、具体的なよくある実習生の事例をとおして概説してあります。第15章では、実習の振り返りについて、実は、実習以上に重要なこの内容についてしっかりと解説しています。いずれの章も、具体的でわかりやすく述べられており、ときには実習生の思いを綴りながら、事例もふんだんに盛り込まれているので、つい引き込まれて読み進められると思います。

　また、各コラムも読み応えのあるものです。テーマは、現代的な英語活動、昔の実習、人気の児童文化財、泣いてばかりの子どもが笑顔になるには、楽器の名前と奏法、お礼の手紙の書き方、部分実習のレシピ、ピアノの弾き歌いのコツ、実習Q & A、SNSの注意点、そして造形活動のヒント……このように知識や実習に必携の内容が簡潔な文章で書かれています。気になるところから読んでも実習前に役立つと思います。

　さあ、手にとって読んでみようと思ったあなた！　ぜひ、初心を忘れないで、大変だけど楽しい実習を経験してください。執筆者一同、実習へ行くあなたに心からのエールを送ります。

2020年2月

新年度を期待して　監修者　名須川知子

CONTENTS

はじめに　●2

CONTENTS　●4

第1章　実習と講義の役割　　（松村）

1. すてきな先生になるために　8
2. 講義は当該科目の理解を深めること　10
3. 実習前に「知っておきたいこと」　11
4. 実習前に「大切にしておきたいこと」　13
5. それぞれの実習の受け入れ施設　14
6. 学生ならではの実習をしよう　15

第2章　保育者の専門性と職業倫理　　（田中〈卓〉）

1. 保育者になること　18
2. 保育者としての自覚・誇りをもつ　19
3. 幅広い専門性をもった保育者に　21

Column　絶対守ろう！　SNS使用上の注意　　（佐藤）●23

第3章　保育所とは　　（関）

1. 保育所ってどんなところ？　25
2. 保育所の先生（保育士）として働くためには　29
3. 保育所ってどんな施設？　30
4. 保育所の役割とは？　34

Column　泣いてばかりの子どもを笑顔にできる10のこと　　（増田）●36

第4章　保育所実習とは　　（山本）

1. 保育所実習の目的と心構え　38
2. 保育所実習の実際　39
3. 年齢別のクラスの特徴と実習のポイント　43

Column　知ってるだけでお得！　部分実習かんたんレシピ　（植田）⚫47

第5章　施設とは　（中澤）

1. 施設実習とは　49
2. 施設実習を行うおもな社会福祉施設　50

第6章　施設実習とは　（赤塚）

1. 施設実習の目的と心構え　59
2. 施設実習の実際　60
3. 施設別の特徴と実習のポイント　64

第7章　幼稚園とは　（日隈）

1. 幼稚園ってどんなところ？　70
2. 幼稚園の先生として働くには　72
3. 幼稚園ってどんな施設？　73
4. 幼稚園の役割とは？　76

Column　子どもに人気の児童文化財あれこれ　（橋爪）⚫78

第8章　幼稚園教育実習とは　（岡野）

1. 幼稚園教育実習の目的と心構え　80
2. 幼稚園における園生活の流れと実習の実際　82
3. 年齢別のクラスの特徴と実習のポイント　90

Column　知っておきたい！　保育現場にある楽器の名前と奏法　（田中〈路〉）⚫94

第9章　認定こども園とは　（鈴木）

1. 認定こども園はどんなところ？　96
2. 幼保連携型認定こども園について　99

3. 幼保連携型認定こども園における子育ての支援　102

Column　英語活動で困らないためのプチッとアドバイス　　（中島）● 104

第 10 章　認定こども園の教育実習・保育実習とは　　（橋場）

1. 認定こども園の教育実習・保育実習　106
2. 認定こども園での実習エピソードから　109
3. 認定こども園の実習で学びたい内容とポイント　111

Column　保育実習・教育実習のむかし　　（烏田）● 113

第 11 章　実習日誌を書いてみよう　　（山梨）

1. どうして日誌を書くの？　―日誌を書く意義と意味―　115
2. 書き方はじめ　―日誌を書くための基本事項―　116
3. 実習はもう始まっている！　―実習前の準備―　116
4. 日誌を書いてみよう　117
5. 実習はまだ終わっていない！　―実習後のまとめ―　123

第 12 章　指導案を書いてみよう　　（小島）

1. 指導案はなぜ書くのだろうか　125
2. 指導案を作成するにあたって　126
3. 指導案作成のポイント　130
4. 指導案の実際　134

Column　ちょっとの準備でできる造形活動いろいろ　　（佐藤）● 139

第 13 章　実習生としてのマナー・エチケット　　（安氏）

1. 実習の一般的心得　141
2. 事前準備・実習中の学び　142
3. 実習中の健康管理について　143

4. 実習中の通勤・出勤について　144

5. 実習中の服装・髪型について　144

6. 実習中の報告・連絡・相談について　145

7. 食事・給食・アレルギーなどについて　145

8. 守秘義務について　146

9. 実習後について　146

Column　よくわかるお礼の手紙の書き方　（増田）● 149

第 14 章　実習での子どもやほかの保育者との関わり　（里見）

1. 実習での子どもとの関わり　152

2. 実習でのほかの保育者との関わり　158

Column　これで大丈夫！　ピアノの弾き歌い　（田中〈路〉）● 161

第 15 章　実習の振り返り　（加藤）

1. 実習のしめくくり　163

2. 実習を振り返って学びを深める（自己評価からの学び）　164

3. 実習先からの評価をもとに実習を振り返る（実習園からの評価）　166

4. 保育の専門家としての第一歩（実習をどのように生かすか）　167

5. 実習後に保育者としての自分に自信がもてなくなった人へ　169

Column　実習 Q ＆ A　（八幡）● 171

巻末付録①　保育所・施設・幼稚園・認定こども園実習 持ち物チェックリスト
　　　　　　　　　　　　　　　　　　　　　　　　　　　　（田中〈卓〉・赤塚）● 173

巻末付録②　実習生の皆さんに贈る　先輩からのメッセージ　（田中〈卓〉・中澤）● 174

おわりに　● 178

監修者・編著者・著者紹介　● 180

第1章

実習と講義の役割

＜本章で学ぶこと＞
・「実習」全般について理解を深め、実習の意義・ねらいについて学びます。
・実習と講義の役割について学び、実習前の心構えなどについて知識を深めます。

1. すてきな先生になるために

　本書の読者の皆さんは、大学や短期大学などに入学したばかりで、「すてきな保育者になる夢を実現するためにがんばるぞ！」と決意をあらたにされているところかもしれませんし、あるいは、すでにある程度の学修を進めて、ひとつの節目として実習の存在感が日を追うごとに増してきたところかもしれません。いずれにしても、それぞれの目標に向かって、今、懸命に努力している最中でしょう。

　実習とは、今、全国で活躍されている保育者の皆さんが、数多くの試練を強い意志と熱意で乗り越えた経験をもっています。その経験があるからこそ、それぞれの職場で保育者として、かわいらしい子どもたちの前にいるといっても過言ではありません。皆さんが学校に入学される以前、資格等の検定試験、部活動の試合、自動車学校の卒業試験等々、緊張を伴う節目を体験されていると思いますが、実習も同様の緊張を伴うものといえます。

　たぶん、実習が「楽しくて楽しくて仕方ない」と感じる学生は極めて稀で、多くの先輩方が「苦しくてつらい経験のほうが多かった」と思っていることでしょう。しかし、苦労を重ねた経験が大きいほど、実習最終日、子どもたちからもらうプレゼントに涙したり、実習先の先生からかけていただいた「よくがんばりましたね」という言葉に強い感動を覚えるのです。そして夢を叶えて、かわいい子どもの前に立てたよろこびは自己肯定感を高めることでしょう。

　実習とは、多くの子どもたちから自分自身を成長させてもらえる学生の時期にしか味わえない貴重な体験の機会なのです。

(1) すてきな先生とは

　筆者はこれまで数多くの「すてきな先生」に出会ってきました。すてきな先生という明確な定

義はありませんが、ある保育所のK先生は、子どもたちから人気があり、先生方からも信頼が厚く、さらに周囲をあたたかい雰囲気にします。もちろん保育技術もすばらしいものがありますが、何よりも一人ひとりの子どもの思いや願いなど、内面に寄り添う視点をもっています。

　職員間では、相手の言葉に耳を傾け、常に受容する姿勢があり、周囲に対していつも笑顔で明るく元気な声で「おはようございます」とあいさつをするなど、コミュニケーションの豊かさをもっています。「ピアノがうまくなければならない」「指導案が書けなければならない」「高度な知識を身につけておかなければならない」のではなく、「子どもが大好き」「保育という仕事が大好き」という姿勢が明確にあり、そのため真摯に仕事に向き合っているのです。

　K先生のもっているこのような力は、子どもを愛し、人との関係性の大切さを現場でコツコツとていねいに積み重ねていけば、必ず身についていくものです。このような保育者に数多く出会うなかで、筆者は強く思うようになりました。

(2) すてきな先生になるための実習とは

　学生の皆さんのなかには、実習前にボランティアやイベントなどで、子どもと関わる経験を豊富にしている方も多いでしょう。あるいは障害者施設などでのサークル活動を積極的にしている方もいるかもしれません。しかし、皆さんの学生としての活動と、先生になることを前提とした実習では、その性格が異なります。

　学生としてのボランティアは、基本は「裏方」的な存在です。つまり対象の子どもや大人の方々が楽しく過ごして満足されることが優先されます。しかし、先生になるための実習は「裏方」でもありますが、「主役」でもあり、さらに子どもたちの園生活を充実させながら、並行して皆さん自身が保育者として成長することが求められるのです。

　学生の皆さんも、子どもたちからすれば「せんせい」なのです。皆さんが子どもたちと響き合い、子どもたちの園生活を少しでも豊かにすることができたなら、学生であったとしても保育者としての成長を意味することになるのです。すてきな先生に一歩近づいたといえるでしょう。

2. 講義は当該科目の理解を深めること

(1) 子どもの最善の利益のために

　学生の皆さんは、日頃の講義をどのように感じながら受講しているのでしょう。

　入学当初は、「よし！　絶対に保育士や幼稚園教員になる」「子どもに関する理論や実践を貪欲に学ぶぞ！」と志高く座席に着かれたのではないでしょうか。やや緊張しながら、教員の説明を一言一句逃さず、資料やノートにぎっしりとメモをされているでしょう。事例から出てくる子どもの何気ない言葉やしぐさにかわいさをおぼえ、保育者の実践事例に感動し、教員の語ったキーワードに衝撃を受け、講義終了前の感想には、「絶対に保育者になりたい」「一人ひとりの子どもに寄り添える保育者を目指したい」などと記述した記憶もたくさんあったでしょう。ときには、睡魔と闘いながら、ときには友人からのメールの返事やバイト先からの着信に気が気でなかったり、もしかしたら、一瞬講義どころではない状況もあったかも知れません。

　しかし、保育現場では「知らなかった」「学んでいなかった」という言い訳は通用しません。なぜならば、皆さんにとっては学生時代の実習であったとしても、子どもにとっては、貴重な時間だからです。皆さんは子どもたちのその貴重な時間を実習のためにいただいていることになります。かけがえのない子どもたちの貴重な時間を無知や勉強不足で、本来得られるはずの利益を子どもが得られないとしたら、それは子どもの最善の利益の享受に反することを意味します。

　だからこそ、皆さんには実習へ行くまでの講義において、知識をしっかり得て、理解を深めておいてほしいのです。

(2) 振り返りの習慣をつけるための演習講義

　皆さんの学校でも講義の形式はいろいろあるでしょう。まず思い出されるのは、大講義室などで、大勢の学生の前で教員がテキストや資料を活用しながら、ユニークなエピソードで会場が笑いに包まれるような時間でしょうか。あるいは、内容のある講義になるほどと納得し、「今日の講義は将来保育者になるために、ためになるいい講義だったな」と感じることも多いかもしれません。

　最近は学校などでも、アクティブラーニングという学生主体の学びの方法が多く取り入れられ

てきています。教員からの一方向性の受動的な学びだけではなく、学生同士のグループディスカッション、ディベート、グループワークなどが、その代表例といえるでしょう。しかし、従来型の教員による講義も、保育者になるための重要な学びがあることを意識しておいてほしいです。

本書は、実習をメインとした内容で構成されています。すてきな先生になるための実習を実り多きものとするために、皆さんには、振り返り学修（カンファレンス）の時間を大切にしていただきたいと思います。「振り返りは、講義の終わりに口頭や感想文でやっているよ」と思われる方もいると思います。

しかし、現場における振り返りは少し違います。保育者が子どもに関わるとき、保育者は「今」「瞬間」に「必要」な「最善」の「言葉がけやうながし」をします。しかし、その場にいた、A先生の「言葉がけやうながし」と、B先生の「言葉がけやうながし」は、たとえ同じ瞬間に同じ子どもに出会ったとしても、異なる働きかけであることも多いのです。

つまり保育実践とは、正解といえるものがひとつだけあるのではなく、また、特効薬のような手だてもありません。保育実践とは、そのときどきの背景や子どもの思いや先生の意図にも影響を受けますから、保育者は常に実践に真摯に向き合わなければならず、だからこそ、その一瞬に判断した自分の実践に振り返りを通じて向き合わなければならないのです。

学生の時期に行う演習課題は、自分自身の理解度を知るとともに、学生の皆さんが近い将来、保育者になったときの実践をより深める大切な学びとなるのです。

3. 実習前に「知っておきたいこと」

実習は、これまでに学習した教科の活用または応用であり、実習体験はさらに今後、学習を要する課題を明確化していくものです。たとえば、主として1年次に修得した基礎科目は、学生の視野を広げ、文章力を養うなど、学習の土台をつくってくれているはずです。

さらに専門科目（教育原理、保育原理、子ども家庭福祉、保育の計画の評価など）の履修では、教育や保育の基本的な考え方、つまり理論を学びますし、保育内容・方法の授業では、子どもと関わる際のコミュニケーションの手段として、さまざまな保育の技術（音楽、造形、表現、乳児保育、障がい児保育など）を学びます。さらに、子どもの生命維持に必要な保健や栄養に関する考え方や方法も学びます。

実習では、それらすべての学習が保育の場のなかで実証されていくことを確認していきます。実習は1回で終わることはありません。ですから、回を重ねるごとに、自分の不十分なところ、わからないこと、もっと知りたいことなどが明確になり、次の実習に備える「課題」が意識化されていきます。それらの課題を解決していくという目的意識をもって、学校に戻り、さらなる学習を積み重ねます。

学校の授業は、それぞれ科目として独立した課題ですが、実習場面ではそれらが統合され、経験されていきます。つまり実習は、これまでに学習したすべての科目の確認と統合、さらなる学習課題の設定につながる「知の統合」ということができます。したがって実習に備える学習は、事前指導だけではありません。これまでに学んだ科目の学習内容を十分に反復習熟しておきまし

ょう。音楽、造形などの基礎技能はもとより、保育原理、乳児保育、障がい児保育、保育内容5領域、子どもの保健などは、実習に直結する科目です。

　しかし、それらをすべて実習指導で再構成することはできませんから、過去に学習した教科とその内容は実習に備えて自分自身で復習しておきましょう。また、基本的には子どもと関わるうえで必要な科目を一通り学んでから、実習が計画できるとよいのですが、現実は、まだ学習していないうちに乳児のおむつ交換を経験したり、部分実習の細案を作成しなければならなかったりすることはよくあります。先輩に聞いたり資料収集などで情報を得たりして対策を立てるといった積極性も必要になります。

　以上のように、実習はこれまでの学びが統合される大切な時間です。積極的に子どもと関わり、自らの保育者としての専門性を高めてくれることを期待します。

（1）実習を行う条件

　学生の皆さんは、実習に参加するためには、次の条件を満たしていなければなりません。在籍する学校などによって、条件や基準の差はあるかもしれません。
　例として、

- ・　各実習等の事前指導の科目を良好に履修していて、単位を取得済もしくは取得見込である。
- ・　実習に関する手続きを適正に行っている。
- ・　実習参加にふさわしい学生生活を送っている（日常の時間厳守・提出期日・授業出席・単位取得などの状況から常識的に判断して、実習においても実習先に大きな迷惑をかけないと学科会議において過半数の教員が判定すること）。
- ・　保育ボランティアを実施済である。
- ・　実習前の期のGPAもしくは累積GPAが○○以上である。
- ・　保育実習について「保育原理」「子ども家庭福祉」「発達心理学」等の単位を取得済もしくは取得見込である。
- ・　幼稚園教育実習について「教育課程総論」「教職演習」の単位を取得済もしくは取得見込である。

などがあり、実習の心構えに加えて、実習を円滑に行うための条件などを満たしておく必要があります。

（2）実習課題を設定

　実習期間中に自分が何を学びたいか、子どもたちと関わることによって何を得ようとしているのか、保育者の指導の方法を自分にどう生かしたいのかなど、一人ひとりが自分の課題をもつと、効果的な実習ができます。実習中、何をしてよいのかわからないということが出てくると思いま

すが、そのときこそ、この実習の課題が生きてきます。自分の立てた課題で、観察を行ったり、子どもとの関係をもったりするのです。したがって実習前に実習における自身の課題を決めておくことは重要です。

　実習の課題を設定するうえで大事なことは、実習中に自分が現場で体験できる具体的な事実から考えたり調べたりできるものであるかということです。学校やテキストなどで調べたらわかるようなことや、抽象的な課題を設定するのではなく、現場でしか得られない課題がもっともふさわしい課題であるといえるでしょう。

　それでは、どのような課題を選べばよいのか、一例をあげてみます。

① 遊びについて知りたいのであれば、どの期間にどのような遊びが多いのか、どのように遊んでいるのか、誰と遊ぶことが多いのか、持続時間はどれだけなのかなど、具体的に観察しましょう。
　　例：「砂場遊びでの子どもたちの役割分担について」
② 子どもとの関わりについてであれば、ある時間や場面を限定し、保育者がどのように働きかけたらどのような反応が得られたのか、そのときの子ども同士の関係はどうであったかなど具体的に観察しましょう。
　　例：「子どもが自ら遊び出すための保育者の声かけについて」
③ 子どもについてであれば、子どものどのようなことを知りたいのか、年齢や月齢差、発達の特性など具体的な視点をもつようにしましょう。
　　例：「4歳児における運動能力の特徴について」

　「園生活を理解したい」「子どもを理解したい」などは、抽象的で漠然としており、実習の課題としては適さないものです。課題は、実習期間中に自分の実践を通して明らかにできるものでなければなりません。しかも、できるだけ具体的であることに意味があるのです。

4. 実習前に「大切にしておきたいこと」

(1) 保育者になりたいという強い意識

　学生の皆さんは、実習というと「失敗をしないように」「先生に注意を受けないように」など、実習そのものが失敗なく、うまく進むことをあまりにも強く思うため、知らないうちに行動が消極的になってしまうかもしれません。しかし、現場ではそのようなことを学生の皆さんに望んで

いるでしょうか。現場が真に望んでいることは、すばらしい保育技術ではなく、緻密な書類作成能力でもありません。現場の実習を担当する先生方からよく聞く言葉は、以下の通りです。

① あいさつ・返事がしっかりできること。
② いつも笑顔でいられること。
③ 子どもが好きであること。

学生の皆さん、いかがでしょうか。これなら皆さんも努力すれば、何とかできそうだと思いませんか？　さらに現場の先生方は、貴重な時間を割いて、皆さんの実習に向き合おうと懸命に努力されています。担任としての仕事は皆さんが退勤されたあとにまわしてでもです。したがって保育者の皆さんが望まれているのは、「保育者になりたい」という強い意識です。さらに皆さんから「この園で働きたいです」と望まれることが現場のよろこびだといわれています。

(2) 園長先生も学生だったことがある

学生の皆さんは、園長（所長）先生に対して、どのような印象をもたれるでしょうか？　すばらしい実践をされる先生、先生のなかの先生、保護者のお母さん（お父さん）、もしかしたら、ちょっぴり怖い存在（？）等々、数多くの印象をもたれるかも知れません。つまり、そのほかの仕事も含めて、数多くの業務を毎日こなしているのが園長先生だといえるでしょう。かわいい子どもたちや職員の皆さんが毎日安心して園生活を送るための最高責任者たる存在でもあるでしょう。それだけ、園長先生の仕事は多岐にわたる責任重大なものなのです。

しかし、皆さん、よくよく考えてみてください。そのすばらしい園長先生であっても、最初は何も知らない皆さんと同じ学生であったのです。

「昔はもっと厳しかった……」などと一般的によく使われる言葉ではありますが、今も昔もその時代を一生懸命に生きることには、何ら変わりはありません。わずかな勇気と希望をもって「そうか！　園長先生でも何も知らない学生時代があったのか。ならば、学生でできることを精一杯やろう！」という気構えこそが大切だと思いますし、現場の先生方も、きっとそう待ち望んでおられると思います。

5. それぞれの実習の受け入れ施設

本節では、学生の皆さんが実習することになる場を簡単に説明しましょう。詳細は、各自で学校から配布される「実習の手引き」などを参考にしながら、必ず園の理念や目標、目指す子ども像を理解しながら実習に臨んでください。

たとえば、ある保育所では、目指す子ども像として「あ・さ・が・お」の子どもを大切にされているそうです。あ＝あいさつのできる子ども、さ＝さいごまでがんばる子ども、が＝考える子ども、お＝おともだちと仲良くできる子ども。目指す子ども像に育ってくれることをねらいとし

て、現場の先生方は日々子どもたちを保育しています。それぞれの園で大切にされているこうした視点は、実習生である皆さんにもぜひ大切にしてほしいと思います。

(1) 幼稚園、保育所、認定こども園

幼稚園とは、文部科学省[1]によれば、「3歳以上の幼児を対象として，幼児を保育し，適当な環境を与えて，その心身の発達を助長することを目的とする学校であって，小学校以降の生活や学習の基盤を培う学校教育のはじまりとしての役割を担っているものをいう」とされています。さらに「幼稚園教育とは，幼児期の発達の特性に照らして，幼児の自発的な活動としての遊びを重要な学習として位置づけ，幼稚園教育要領に従って教育課程が編成され，教育の専門家である教員の援助によって，適切な施設設備の下に，組織的・計画的な指導を環境を通して行うものをいう」とされています。

一方、保育所とは、厚生労働省[2]によれば、「児童福祉法（昭和22年法律第164号）第39条の規定に基づき、保育を必要とする子どもの保育を行い、その健全な心身の発達を図ることを目的とする児童福祉施設であり、入所する子どもの最善の利益を考慮し、その福祉を積極的に増進することに最もふさわしい生活の場でなければならない」とされています。さらに認定こども園とは、内閣府等[3]によれば、「乳幼児期は、自然な生活の流れの中で、直接的・具体的な体験を通して、人格形成の基礎を培う時期である。したがって、幼保連携型認定こども園においては、認定こども園法第9条に規定する幼保連携型認定こども園の教育及び保育の目標を達成するために必要な様々な体験が豊富に得られるような環境を構成し、その中で園児が乳幼児期にふさわしい生活を営むことができるようにすることが大切である」とされています（2023〔令和5〕年4月に内閣府の外局としてこども家庭庁が創設され、保育所と認定こども園の管轄が移されました）。

(2) 児童養護施設等

児童養護施設[4]とは、「保護者のいない児童（乳児を除く。ただし、安定した生活環境の確保その他の理由により特に必要のある場合には、乳児を含む。）、虐待されている児童その他環境上養護を要する児童を入所させて、これを養護し、あわせて退所した者に対する相談その他の自立のための援助を行うことを目的とする施設。（児童福祉法41条）」とされており、対象児の具体例として、父母が死亡、行方不明となっている児童、父母等から虐待を受けている児童、父母が養育を放棄している児童になります。

6. 学生ならではの実習をしよう

(1) 一人ひとりの子どもを大切にする保育

皆さんが実習する園には、卒園後に地域の特別支援学校や小学校の特別支援学級、または通常

学級に在籍しながら通級による指導や担任配慮等を有する子どもたちが存在します。

　文部科学省[5]によれば、「特別支援教育」とは、「障害のある幼児児童生徒の自立や社会参加に向けた主体的な取組を支援するという視点に立ち、幼児児童生徒一人一人の教育的ニーズを把握し、その持てる力を高め、生活や学習上の困難を改善又は克服するため、適切な指導及び必要な支援を行う」ものとして、2007（平成19）年から「特別支援教育」が学校教育法に位置づけられ、すべての学校において、障害のある子どもたちの支援をさらに充実していくこととなりました。

　支援が必要な子どもたちは、医療機関等で受診し診断を受けている子どもから、疑いはあるが明確な診断がなされていない子ども、また、愛着がうまく形成されていない子ども、さらに大きな失敗体験が原因で心的外傷（トラウマ）を得ている子ども、虐待を受けている子ども、外国籍を有する子どもなど、その他多数となります。

　そこで、皆さんに理解しておいてもらいたいことのひとつとして、これらの子どもは、多様性をもった子どもたちであって、決して、ほかの子どもたちと同じことができない子、自分勝手なことをする子、わがままに育てられた子ではないということです。一人ひとりの「違い」を認め合える社会の実現に向けて、保育者は日々学ぶ姿勢と寄り添う努力をし続ける姿勢が大切です。だからこそ、学生時代の講義や演習の学修の積み重ねが重要となってきます。通常の保育の学びに合わせて特別支援教育の視点をしっかり学んでおきましょう。

（2）豊かなクラスとは

　ところで皆さん「豊かな森」をイメージしてみてください。豊かな森とは、1本1本の「木」が豊かだからこそ、その集まりである「森」は豊かであるといえます。では、「豊かなクラス」とはどのようなものでしょうか。間違いなく一人ひとりの「子ども」が安心し満足しているからこそ、その集まりである「クラス」は豊かであるといえるでしょう。

　人権に仮に「重さ」や「大きさ」があるのなら、生まれたばかりの乳児でも、私たちでも、その「重さ」や「大きさ」はまったく同じです。違うのは人として生きた経験の違いのみです。時折、クラス運営で自分の思うように子どもが動いてくれないと怖い表情をし、声を荒げる保育者を目にすることがあります。保育者が一生懸命なのは理解できますが、困っているのは、実は子どもたちなのです。

　生物学的には、環境の影響を一番強く受けるのが乳幼児期です。だからこそ、その時期の子どもに関わる保育者は、子どもたちにとって「安心できるよい環境」になることが極めて重要となります。自分のいうこ

とをよく聞いて動いてくれる「（都合の）いい子」を育てるのではなく、園生活において、「（自分の思いで）判断し決定できる子」へと育つために保育者が存在することを忘れないで、実習に参加することをとくに強くお勧めします。

　一人ひとりの子どもに寄り添うというのは、時間や手間がかかるかもしれません。しかし、クラスを豊かにしたいのであれば、やはり一人の子どもにていねいに向き合うことが基本となります。このことは切に忘れないで実習に臨み、『人を育てる』という崇高なこの仕事の醍醐味をたくさん得て学校に戻ってきてください。

【引用・参考文献】
1 ）文部科学省「幼児教育の意義及び役割」
　　http://www.mext.go.jp/b_menu/shingi/chukyo/chukyo3/siryo/attach/1395402.htm（2019 年 11 月取得）
2 ）厚生労働省「保育所保育指針解説」2018
　　http://www.ans.co.jp/u/okinawa/cgi-bin/img_News/151-1.pdf（2019 年 11 月取得）
3 ）内閣府・文部科学省・厚生労働省「幼保連携型認定こども園教育・保育要領解説」2018
　　https://www8.cao.go.jp/shoushi/kodomoen/pdf/youryou_kaisetsu.pdf（2019 年 11 月取得）
4 ）厚生労働省「児童養護施設等について」2017
　　https://www.mhlw.go.jp/file/05-Shingikai-11901000-Koyoukintoujidoukateikyoiku-Soumuka/0000166119.pdf（2019 年 11 月取得）
5 ）文部科学省「特別支援教育について」
　　http://www.mext.go.jp/a_menu/shotou/tokubetu/main.htm（2019 年 11 月取得）

第2章

保育者の専門性と職業倫理

<**本章で学ぶこと**>
- 保育者（施設職員を含む）になるために必要な資質や幅広い専門性について学びます。
- 保育者の職務内容を理解し、これから実施される実習において生かせるようにします。

1. 保育者になること

(1) 保育者という職業

　保育者とは、どのような職業でしょうか。乳幼児を対象とした幼児教育を担当する者をいいます。最近では社会的状況が変化していることもあり、保育者には、より質の高い保育を行うことが求められています。保育者は、幅広い知識や社会的な視野、乳幼児から児童期、青年期にいたるまでの人としての発達についての理解が大切となるため、より高い専門性が求められています。

(2) 大切であるたくさんの保育者の資質

　では、保育者になるためには、どのような資質が求められているのでしょうか。「資質」とは『大辞泉』によると、「生まれつきの性質や才能」という意味があり、人間に生まれつきもっている性質や能力のことをいいます。

　保育者に必要な資質とは、どのようなものなのでしょうか。まず「子どもへのやさしさ」があげられます。子どもには、独り立ちするまで多くの時間が必要となります。ちょっとしたことでもくじけてしまい、泣いてしまうことやそれでも何度も何度もできるまでチャレンジしようとする力があります。かよわき子どもたちに対して、やさしくつつみこんでくれるような包容力と深い愛情があってこそ、子どもたちは落ち着いて日々生活することができるようになるのです。

　そもそも保育とは、人間の日常的な営みです。そのため保育者は子どもたち一人ひとりにしっかり寄り添いながら、子どもたちがまだ知らない世界へいざなう役割があります。このことは保育者それぞれに、ゆたかな人間性やさまざまな経験が備わっていることが、大きな意義をもつことになります。

　次に保育者が子どもの発達段階を知っていることがあげられます。保育所では0歳児から5歳児、幼稚園では3歳児から5歳児、認定こども園では保育所と幼稚園の機能が同じ施設内に存在していますが、0歳児から5歳児の乳幼児がいるのです。

　子どもたちの0歳から5歳までの5年間の成長には、個人差があります。とくに小さな子どもは、個々の発達段階も大きく異なります。保育者の子どもたちの健やかな成長を願い、将来への期待をもちながら向けるやさしいまなざしは、とても大切となります。保育者が子どもの姿について、きめ細かな対応や支援を行うことで、子どもの発達が保障されていくのです。

　さらに「傾聴」があげられます。「傾聴」とは人の意見に耳を傾けるということです。子どもたちは保育者に対し、さまざまな思いや感情を伝える場面が多いです。またこのような子どもたちの発言は、彼らのいまの気持ちだけでなく、今後のキャラクターづくりにも大きく関係するものです。保育者は子どもたちの声に耳を傾け、適切な指導を行っていく必要があるのです。

　このことに関連して大切になるのは、「カウンセリング・マインド」であり、保育者にはカウンセラーとしての役割が必要となることもあるのです。子どもにとってのよき「相談相手」であることが大事です。現場の保育者のなかには、職務上の不安や悩みを上司に相談することができなかったり、仕事のミスを叱責されたのちに、じょうずに気分転換ができない方もいるようです。このことはやがて保育者の身体的な問題として生じるようになり、大好きな保育の仕事を休職するようになったり、重い場合には病院に入院治療になることも少なくありません。かくして保育者には「メンタルヘルス」が重要です。職場でもなんでも話ができる関係を構築していくことに努めていきましょう。

　最後にユーモア（独自性）があげられます。保育者はロボットではありません。個々に育った環境や考えも異なります。保育者にはそれぞれ個性を生かし、子どもの相手をするそんな存在であってほしいものです。

　ほかにも保育者に必要な資質はたくさんあります。今後、子どもたちにとって魅力のある保育者に皆さんがなってくれることを期待しています。

2. 保育者としての自覚・誇りをもつ

(1) 保育者にとって守らなければならないもの　―職業倫理―

　保育者は、子どもの人権と最善の利益を守ることが大切といわれています。今メディアにおいては、「子どもの虐待」のニュースがあとを絶たず、皆さんもよく目にするのではないでしょうか。子どもへの虐待は、子どもの生きる権利を奪うことであり、人権侵害行為にあたります。決して謝罪して許されることではありませんし、あってはならないことです。保育者になりたいと考えている人は、しっかり自覚しておきたいところです。2023（令和5）年4月には「こども家庭庁」が創設されました。子ども虐待防止やヤングケアラーなどの支援が行われるようになり、子

どもの権利の保障が進められていくことになります。このことは保育所、幼稚園、認定こども園、施設を問わず、いかなる実習においても子どもの人権への配慮や、子どもの最善の利益の考慮は、最重要課題になります。

(2) 保育者とはこうあるべき　―「保育士倫理綱領」と「児童福祉法」―

　保育士が守らなければならないルールや規則は、全国保育士会が編纂した「全国保育士倫理綱領」というかたちにまとめられています。この倫理綱領は、皆さんが保育者になってからの大切な内容が記述されていますので、十分理解しておく必要があります。

　保育士倫理綱領には、保育所の重要な目的である子どもの最善の利益の尊重や子どもの発達保障はもちろん、保護者との協力、地域の子育て支援についてふれられています。また、プライバシーの保護、園の職員としてのチームワークと自己評価、さらに専門職としての責務などについても記されています。また、2022（令和4）年6月には「児童福祉法」が改正（令和6年4月施行）されました。そのなかでは保育士のわいせつ行為の防止・再登録の厳罰化が示され、それらの情報を共有する仕組みが改めて創設されることになります。

(3) 忘れてはならない「プライバシーの保護」と「守秘義務」

　保育者になると、子どもやその保護者に関する個人情報などが耳に入ってきます。保育者は、これらの情報を他人に漏らすことのないようにしなければなりません。このことを「守秘義務」と呼んでいます。ファーストフード店やファミリーレストランなどで保育者が個人情報について他人に話していたところを保護者が目撃したりするといったこともおこっています。園の外では、だれが聞いているのかわかりません。情報が漏れないように十分気をつける必要があります。

　また、実習中などに学生が、ブログやツイッター、ラインなどをはじめとする「SNS」（ソーシャル・ネットワーキング・サービス）を利用し、子どもの顔や様子などが撮影された写真、実習中に指導を受けたことに対する不平や不満さらには愚痴、楽しかったこと、悲しかったこと、気になったことなど何気なく書き込んだり、情報を送信したりすることは絶対に許されません。さらに飲酒運転、淫乱行為などももってのほかです。

　保育者は、先生という立場で子どもたちを保育・教育するということから「信用失墜行為の禁止」が定められています。保育者という前に「一人の社会人」としても失格になってしまいます。「私だけなら大丈夫」というように考えず、保育者としての品格をしっかり磨きましょう。

(4) 日々の生活を怠らない　―自己管理は自分自身から―

　保育者はまずなによりも、心も体も健康であることが大切です。実習に行くことになると、園は学生に対して実習の事前準備や身だしなみ、清潔感などを求めます。

大学や短期大学、専門学校では、日々の生活に慣れていることから、緊張感から解放される場面が多いことでしょう。しかしながら実習では、普段の学校内の生活とは異なる生活をすることになるため、風邪をこじらせたりするなど、体調を崩してしまったり、自己管理がおろそかになることが多いのです。実習直前や実習中に部活動やアルバイトをすることは、これから始まる実習への意欲や集中力が欠けやすくなるため、できるだけ避けたいところです。

では、どこから取り組んだらよいのでしょうか。まずは「早寝早起き」が肝心です。学校では、遅刻する学生も少なくなく、遅刻したとしても授業に出席していればいいだろう、という考えをもつこともあるかもしれません。しかし実習は、保育者としての「仕事」と同じであることを意味します。皆さんは、実習中に子どもたちや園の職員の方々から「〇〇先生」と呼ばれるのです。

自己管理は、他人にいわれてするものではありません。皆さん自身で気づいて管理していかなくてはならないことです。実習が始まるできるだけ前から心しておくとよいでしょう。もしわからないことがあれば、実習指導の先生方、実習を経験した先輩方に聞いてみましょう。きっといろいろなことを教えてくれることでしょう。

3. 幅広い専門性をもった保育者に

最後に「保育者」になるためには、どのような「専門性」をもつべきでしょうか？ 学生の皆さんは、よく現場の先生方にうかがうことが多いのではないかと思います。

以下に3つのポイントを紹介していきます。

(1) 観察する力

保育者は子どもの保育をするうえで、子どもがどのような遊びに興味や関心をもつのか、どのような環境と関わっているのかについて、注意深く見る必要があります。すなわち保育者には、子どもの内面をしっかり観察する力が求められます。子どもと遊ぶだけの保育者では物足りません。

観察力を身につけるためには、記録をとることができないといけません。観察の記録をとることで、その記録にもとづきながら子どものふるまい、行為などの意味、そうなった背景についても考えることができるからです。さらに記録をとることは、ほかの保育者との間で情報共有ができることも強みになります。情報共有をすることで、次の日以降の保育に大きな情報源、話し合いの材料となることが多いからです。

(2) 省察する力

「省察」するとは、辞典で調べてみると「自分のことを顧みて、その善悪・是非などを考えること」（福武国語辞典）とあります。保育者自身がこれまで行ってきた保育をふり返りながら、よかったのか、よくなかったのか、この保育の取り組みは正しかったかどうかについて反省することです。教育学者のショーンは、「教師は反省的実践家である」と述べているのですが、保育者もシ

ョーンの言葉と同じととらえることができます。ベテランの保育者でさえ、これまでの日々の経験を重ねるなかで、反省を積み重ねてきたからこそ、今の立場があるといえます。

　これから保育現場に出ようとしている皆さんは、毎日反省する機会が必ず生じると思います。できるところは、いつもどおり行い、できなかったところについては、「なぜできなかったのか」についてしっかり受け止めながら、立派な保育者になってもらいたいと願っています。

（3）さまざまなことを経験する力

　最後になりますが、保育者には「さまざまなことを経験する力」が、専門性を身につけるためには大切になります。保育者養成を行う学校では、「学生が花や虫の名前がわからない」であるとか、「戸外で焼き芋を体験したことがない」「くつひもでちょうちょ結びができない」など、さまざまな声を聞くことがあります。

　このことは今の学生の皆さんの「経験のなさ」を物語っています。保育現場にいる子どもたちは、皆さん以上に経験がないため、わからないことがたくさんあります。そのことを教え伝えていくのが保育者の役割なのです。学校の成績がよいことは一般的によいことといわれます。しかし、保育者は学校の成績がよくても、十分ではありません。子どもたちに生活を通して必要な知識や技術を教えていく存在であるため、幅広い知識や技術が保育者には必要になってくるのです。

　これからでも遅くありませんので、学校での学生生活を通じて、さまざまな経験を積むことをお勧めいたします。アルバイトの経験も大きな経験になるでしょう。「これだけやれば大丈夫」というものさしは、残念ながらここには存在しません。これから学生の皆さんには、保育者になるための「実習」というメインイベントが始まります。子どもたちに必要とされる保育者になるために、失敗を恐れず、悔いのないよう全力で取り組んでいきましょう。

【参考文献】
・秋田喜代美監修、西山薫・菱田隆昭編『新時代の保育双書 今を生きる保育者論』みらい、2017
・戸江茂博監修、田中卓也・松村齋・古川治・川島民子編『保育者・小学校教諭・特別支援学校教諭のための教職論』北大路書房、2015
・澤津まり子・小暮朋佳・芝崎美和・田中卓也編『保育者への扉（第2版）』建帛社、2016
・神長美津子「専門職としての保育者」日本保育学会『保育学研究』第53巻第1号、2015
・田中卓也監修、松村齋・小島千恵子・志濃原亜美編『保育者・小学校教師のための道しるべ』学文社、2017
・古屋真・川口めぐみ・村野かおり「保育者の専門性の成長に関する一考察（1）」『駒澤女子大学・駒澤女子短期大学研究紀要』第30号、2017
・一般社団法人全国保育士養成協議会「保育者の専門性についての調査—養成課程から現場へとつながる保育者の専門性の育ちのプロセスと専門性向上のための取り組み（第2報）—」2013
・関口はつ江「保育者の専門性と保育者養成」日本保育学会『保育学研究』第39巻第1号、2001
・厚生労働省「児童福祉法等の一部を改正する法律（令和4年法律第66号）の概要」2022（https://www.mhlw.go.jp/content/000991032.pdf　2023年9月30日閲覧）

Column

絶対守ろう！　SNS 使用上の注意

　皆さんはどんな SNS を利用していますか。LINE、YouTube、X（Twitter）、Instagram、Facebook、TikTok……。総務省は SNS の利用率について、10 代（13〜19 歳）は 90.7 ％、20 代は 93.2 ％と報告しています。スマートフォンやタブレットの利用状況は、18〜29 歳では 98.7 ％ですから、ほぼ 100 ％の若者が SNS を利用することができる環境にあります。簡単な操作や設定で手軽に始められ、瞬時に世界中の人たちとつながることができる SNS は、情報化社会になくてはならないものでしょう。

　同時にトラブルも増加しています。フェイクニュース、フィッシング詐欺、ウイルスメール、架空請求、なりすましやのっとり、個人情報の流出、人間関係のトラブル……。SNS を利用していれば、皆さんもこのようなトラブルに巻き込まれるかもしれません。とくに SNS は、いったんトラブルが発生すると有効な対処法がないため、手をこまねいている間に問題が大きくなってしまいます。まずはトラブルが起こらないように予防するのが一番の対策です。

　皆さんが SNS に投稿した画像や書き込みは、どうなるのでしょうか。インターネットを介して、誰もが閲覧できる状態になります。それらを複製（コピー）することも簡単です。そして、複製された画像や書き込みは、あなたの手を離れ、インターネットを介して拡散し続ける可能性があります。もう誰も止めることも、回収することもできません。SNS に投稿する画像や書き込みには、個人情報が含まれている場合があります。画像の背景から住所が特定されたり、不用意な書き込みにより個人情報が流出し、拡散するかもしれないのです。

　一方、SNS を通して、不審メールを受け取ったことはありませんか。心あたりのないメールや添付ファイルは絶対に開いてはいけません。不審メールかどうかの判断がつかない場合は、メールアドレスのドメインを確認しましょう（@マーク以降がドメインです）。不審メールは緊急性や限定感を装っています。あわてて開くことのないように気をつけましょう。

　さて、p.24 を見てください。「SNS のトラブルを予防しよう」をチェックしましょう。皆さんはどれくらい予防できていますか。これらは、現時点での予防と対応です。繰り返しますが、SNS のトラブルは起こってからでは遅いのです。今も次々と新しい SNS サービスが開発・提供されています。すぐに飛びつくことなく、運用状況を確認してから利用を検討しましょう。利用中は安全性に関する情報をチェックし続けることを忘れずに。

【参考文献】
・総務省「令和 4 年版情報通信白書」2022
　https://www.soumu.go.jp/johotsusintokei/whitepaper/r04.html　2023 年 9 月 30 日閲覧
・総務省「インターネットトラブル事例集」2023
　https://www.soumu.go.jp/use_the_internet_wisely/trouble/　2023 年 9 月 30 日閲覧

● SNS のトラブルを予防しよう

1．IDやPW（パスワード）は誰にも教えない。本名や生年月日など個人情報は公開しないように設定しよう。

2．Free（無料）Wi-Fiは公共施設や信用できる提供先のものを使おう。個人情報が盗まれるかもしれない。

3．サイトのURLが「https://～」であれば「http://～」よりも安全性が高い。「s」はsecure（安全な）の「s」。社会的信用のある組織や企業であれば対応済のはず。ただし「s」がついていれば何でも安全というわけではない。

4．Facebookなどの交流系SNSでは公開範囲に制限をかけよう。初期設定では無制限になっている場合が多い。

5．文章や画像を投稿するときは個人情報が含まれていないかもう一度チェックしよう。拡散してしまった情報は回収できない。

6．アプリは「自動更新する」に設定し、常に最新にしておこう。プログラムの欠陥や最新のウイルス対策に対応しよう。

7．もしトラブルが起こったら、投稿した画像や書き込みは削除する。事態が収まらなければ、そのSNSからあなたのすべての投稿とアカウントを削除し退会すること。

第3章
保育所とは

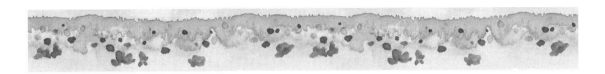

＜本章で学ぶこと＞
・保育所がどのような児童福祉施設であるのかについて学びます。
・保育士資格や保育所を利用する家庭について学び、保育所の役割を考えます。

1. 保育所ってどんなところ？

　この章では、保育所がどのような児童福祉施設であるのかについて詳しく知るとともに、保育士資格や保育所を利用する家庭について必要な事柄を学びます。そして、社会に求められる保育所の役割について考え、子どもたちの生活の場である保育所について理解を深めることを目指します。まず、保育所についてどのようなところなのかみていきましょう。

(1)「保育園」と「保育所」どちらで呼んだらよいのでしょう

　「保育園」といったり、「保育所」といったり、どこが違うのだろう？　と不思議に思ったことがあるかもしれません。保育施設の看板も、「○○保育所」や「○○保育園」、どちらも目にします。公立の保育施設を「保育所」、私立の保育施設は「保育園」と決められているわけでもありません。児童福祉法には「保育所」が使用されています。「保育所」は、「幼稚園」や「認定こども園」のように名称独占になっていませんので、どのような保育施設でも「保育園」や「保育所」という名称を使うことができます。

(2) 保育所の一日

　保育所には、0歳児の子どもたちがいます。いつから入所できるかはその保育所によって異なりますが、生後2か月（産休明け：生まれた日を含めて58日を過ぎた翌月1日）からというところが増えています。
　生まれて間もない赤ちゃんは、短い睡眠を繰り返しながら、その都度おっぱいを飲み、しばらくするとうんちをします。月齢や個人差による心身の発達や育ちが大きく異なる0歳児の保育は、

一人ひとりの欲求を読み取り、赤ちゃんが気持ちよくなるように、ゆったりと愛情をそそぎながら、それぞれの生活リズムに合わせた保育をします。そして、1歳の誕生日を迎えるころになると、おっぱいの回数は減り、離乳食の量も増えて起きて活動している時間が長くなります。

　子どもたちの通う保育所は、自宅付近や保護者の通勤途中、職場の近くにあったりします。送迎のための園バスが走っているところもありますが、保育所を利用する保護者の多くは、個別に送り迎えをしています。保護者の出勤時間や勤務時間はそれぞれ異なり、バスを待つことができないためです。また、保育所の空きがなく待機児童がいる地域では、きょうだいが別々の保育施設に入所していることもあります。

　保育所は、幼稚園に比べて開所時間が早く、閉所時間は保護者が仕事を終え、迎えに来ることができる、遅い時間帯になります。

　ここでは、保育所での3歳未満児クラスの一日の生活を少し見てみましょう。

① 1歳未満児クラスの一日の例

　朝7時には保育所の門が開きます。保護者に連れられて、順次、子どもたちが登園してきます。この保育所では、早朝の時間帯は当番の保育者が専用の部屋で受け入れます。検温や視診などの、健康観察や、保護者からの連絡事項をメモし、子どもの担当保育者に引き継ぎます。

　授乳、離乳食、おむつ交換、睡眠など、一人ひとりの生活リズムに合わせて、適宜行います。また、遊びは、保育者とのふれあい遊びなどを中心に、特定の保育者との関わりを楽しみながら遊びます。

　延長保育では、補食が用意され、友達、保育者と一緒に食べて、保護者のお迎えを待ちます。

図表3-1　ある保育所の1歳未満児クラスの一日

7：00	受け入れ開始	保育園の門が開く「おはよう！」
		順次登園
	検温・健康観察	健康観察・おむつ交換
8：00	各クラスに移動	順次登園・健康観察
		遊び・おむつ交換
	遊び	遊び・睡眠・授乳（一人ひとりに合わせて）
	睡眠・授乳	
10：00	離乳食	お腹のすき具合にあわせて離乳食
11：00	おむつ交換	おむつ交換
	睡眠	寝室で睡眠
12：30	授乳	目覚め・着がえ
	遊び	授乳・遊び

14：00	離乳食	お腹のすいている子どもから離乳食
	おやつ	
	おむつ交換	おむつ交換
	遊び	保育者と関わって遊ぶ
16：30	授乳・睡眠	授乳・睡眠
	遊び	遊び・おむつ交換
	順次降園	順次降園
18：00	延長保育開始	授乳・補食・おむつ交換・遊び・順次降園
20：00	保育終了	「さようなら」

② 1歳児、2歳児クラスの一日の例

　この時期の子どもの発達は個人差が大きいため、個々の月齢、発達、生活リズムに合わせた流れになります。離乳食や幼児食、おむつ交換やトイレでの排せつなど、一人ひとりの発達段階に応じて行います。この園では、一度にたくさん食事が取れない子どものため、朝には軽食を用意しています。

　午前中、天気のよい日は、散歩に出かけたり、お腹がすくまで外でたっぷりと遊びます。まだ、午前に睡眠が必要な子どもや、室内遊びを楽しみたい子どもには、その都度、保育者が寄り添います。お腹がすいた幼児食の子どもは、順次遊びを切り上げて保育室に入ります。排せつや着がえをすませたら、ランチルームへ行って食事を取ります。しっかり食べたあとは、寝室に入って午睡をします。

　少しずつ保育所の生活のリズムに慣れて、午睡から目覚めるとおやつが楽しみになります。お迎えまで、もうひと遊びをして、保護者のお迎えを待ちます。

図表 3-2　ある保育所の 1 歳児、2 満児クラスの一日

7：00	受け入れ開始	保育園の門が開く「おはよう！」
		順次登園
	検温・健康観察	健康観察
8：00	各クラスに移動	順次登園・健康観察
		遊び
9：00	おやつ	必要に応じて軽食・牛乳
	遊び	好きな遊びを楽しむ
10：00	離乳食	お腹のすき具合にあわせて離乳食
11：00	入室開始	幼児食の子どもは入室して昼食準備

	昼食準備	
11：30	昼食	幼児食
	（午睡）	（離乳食の子どもは午睡）
	午睡	食べ終わった子どもから午睡
14：00	離乳食	午睡から目覚めたら離乳食
15：00	おやつ	おやつ
16：30	遊び	好きな遊びを楽しむ
	順次降園	順次降園
18：00	延長保育開始	補食・遊び
		順次降園
20：00	保育終了	「さようなら」

（3）保育所の保育時間

　保育所の保育時間は、一日につき8時間を原則とし、保護者の労働時間やその他、地域の実情に応じて保育所の長が定めています（児童福祉施設の設備及び運営に関する基準34条）。「保育標準時間」の最大利用時間は、一日11時間です。保育所の開所時間は11時間ですが、朝7時くらいから夜8時くらいまで、多くの園では希望者に対して開所時間の前後に延長保育を行っています。また、家族で飲食店を経営するなど、夜の時間帯が忙しい保護者が利用する夜間保育所もあります。夜間保育所の保育時間は、おおむね11時から夜10時くらいですが、なかには午前中から深夜まで長時間にわたって保育をしているところもあります。

（4）保育所のお休みは何曜日？

　保育所のお休みは、年末年始（12月29日から1月3日）、日曜日、国民の祝日および休日です。保育日は、月曜日から土曜日の6日間です。

（5）一時預かりや休日保育

　日曜日や祝日が忙しいサービス業などに従事する保護者もいます。休日にも子どもを預けることのできる休日保育を実施する保育所が増えています。また普段、保育所を利用していない子どもが、保護者の急な用事やリフレッシュしたいときなどに子どもを預けることができる一時預かりがあります。その他、病児・病後児保育といった、病気やその回復期に家庭で保育できない子どもを、保育所に設置された専用のスペースで預かる病児、病後児保育を実施しているところもあります。

2. 保育所の先生（保育士）として働くためには

（1）保育所は児童福祉施設

　「保育所」は、児童福祉法に基づく「児童福祉施設」であり、内閣府（子ども家庭庁）が管轄しています。

　「児童福祉施設」とは、どんな施設のことをいうのでしょう。児童福祉施設は、子どもを保育したり保護したり養護したりする施設です。児童福祉法第7条には、「児童福祉施設とは、助産施設、乳児院、母子生活支援施設、保育所、幼保連携型認定こども園、児童厚生施設、児童養護施設、障害児入所施設、児童発達支援センター、情緒障害児短期治療施設、児童自立支援施設及び児童家庭支援センターとする」とあります。

（2）保育士資格を取得するには

　保育所の先生（保育士）として働くためには、保育士資格が必要になります。保育士資格を取得する方法には、養成校（内閣府令で定める基準に適合する施設）で必要な単位を修得する方法と、保育士試験を受験して取得する方法があります。保育士試験とは、こども家庭庁長官が定めた試験科目（筆記試験・実技試験）に基づいて、各都道県知事が行う試験です。

　また、養成校には、4年制大学、短期大学、専修（専門）学校などがあり、保育士資格を取得するために必要なカリキュラムが編成されています。各養成校で、必修、選択科目などの種類はさまざまですが、保育士に必要な専門的な知識を学ぶ必修科目については、国により定められています。こうした知識や技術の習得、保護者支援などの専門科目の単位を修得することで、卒業と同時に保育士資格を取得することができます。

　しかし、保育士資格をもっているだけでは、保育士と名乗ることはできません。保育士として働くためには、都道府県に保育士登録を行う必要があります。「保育士となるには、保育士登録簿に、氏名、生年月日その他内閣府令で定める事項の登録を受けなければならない」（児童福祉法第18条の18）とあるように、保育士登録後、都道府県知事より保育士証が交付されて、はじめて保育士として働くことができるのです。

　また、保育士は名称独占の国家資格です。児童福祉法第18条の23には「保育士でない者は、保育士又はこれに紛らわしい名称を使用してはならない」とあります。信用失墜行為の禁止や守秘義務も課せられ、違反した場合には、保育士の名称使用の停止や、1年以下の懲役または50万円以下の罰金（守秘義務違反）、30万円以下の罰金（名称独占違反）などの罰則規定が設けられています。

（3）保育所に就職するには

　就職活動は、公立保育所と私立保育所とで大きく変わってきます。公立保育所の場合は、各自治体が行う公務員保育士採用試験に合格する必要があります。自治体によっては、募集を行わない年もあります。また、配属先は保育士が配置されている公立の児童福祉施設などの公的機関となり、必ずしも保育所とは限りません。採用されると、人事異動により、その自治体が設置している機関へ転勤が生じることがほとんどです。

　私立保育所の場合は、保育所を運営する法人などにより、求められる条件や選考方法が異なります。また、複数の保育所を運営する法人では、保育所間の人事異動を行うところもあります。

3. 保育所ってどんな施設？

（1）保育所の目的

　保育所の設置の目的は、児童福祉法第39条に「保育所は、保育を必要とする乳児・幼児を日々保護者の下から通わせて保育を行うことを目的とする施設とする」と示されています。そして、児童福祉施設の設備及び運営に関する基準第35条には、「保育所における保育は、養護及び教育を一体的に行うことをその特性とし、その内容については、内閣総理大臣が定める指針に従う」とあり、内閣総理大臣が告示する「保育所保育指針」を基準に、保育所の保育の内容が編成され、運営されています。

　保育所は、入所する子どもの保育だけではなく、保護者や地域の子育て家庭に対する支援の役割も担っています。保育所保育指針には、保育の内容だけではなく、保育施設の運営に関する事項も含んでいるところが幼稚園教育要領と異なります。

（2）保育所の種類と設置主体

　保育施設には、「認可保育施設」と「認可外保育施設」があります。何が違うのでしょう。

　「認可保育施設」は、児童福祉法に基づく国や自治体（都道府県、指定都市、中核市、以下「都道府県など」という）から示された基準（職員の資格や配置人数、食事や栄養、施設の面積や安全、防災管理に関する整備、保健衛生等）を満たし、都道府県などから設置を認可され、公費を受けて（国や自治体からお金を受けて）運営されている施設です。2015（平成27）年から「子ども・子育て支援新制度」がスタートし、認可保育所のほか、認定こども園、小規模保育、家庭的保育、事業所内保育なども認可保育施設・認可保育事業になりました。そしてこの守らなくてはならない基準は、施設の種類ごとに異なります。

　「認可外保育施設」は、「無認可保育所」といわれることもあります。「認可外保育施設」は、児童福祉法に基づく設置基準を満たしていない施設や、地域の需要の関係で、都道府県知事などの認可を受けていない保育施設のことを指します。

　「認可外保育施設」の運営を始める場合は、都道府県知事などに届出が義務づけられ、どこで、どんな人が保育施設の運営をしているか、把握できるようにしています。

　東京都の認証保育所や横浜市の横浜保育室などは、児童福祉法に定められた認可保育所ではなく、認可外保育施設に分類されます。「地方単独事業」といわれるこれらの施設は、東京都や横浜市の独自の基準を満たすことで、施設を運営するための補助金を受けています。

　「設置主体」とは、どんなことをいうのでしょう。「実習生個人票」には、実習先の施設名や設置主体を記入する欄があります。設置主体には、何を書いたらよいのでしょう。

　認可保育施設には、公立と私立（民営）があります。公立は、市区町村が設置、運営する施設ですので、設置主体は「〇〇市」などと書くことになります。私立は、社会福祉法人や公益法人、株式会社、NPO法人などが設置、運営する施設があります。設置主体は「社会福祉法人〇〇会」などと書くことになります。ただ、なかには「公設民営」（公立保育施設の民営化）といった、公立保育施設の運営を社会福祉法人や株式会社に任せて、私立保育施設として運営しているところもあります。その場合、市区町村で建物や設備を管理（公設）していますが、運営主体は社会福祉法人や株式会社などの私立（民営）になります。また、認可外保育施設には公立の施設はありません。個人が運営するものや株式会社が運営するものなどは、すべて民間の施設です。

（3）保育所に入所できる子どもとは

　保育所は、誰でも入所できるわけではありません。保育所は、「保育を必要とする乳児・幼児を日々保護者の下から通わせて保育を行うことを目的とする施設」（児童福祉法第39条）と示されています。この「保育を必要とする乳児・幼児」とは、どんな子どもを指すのでしょう。児童福祉法第24条には、「保護者の労働又は疾病その他の事由により」とあります。「事由」とは、直接の理由や原因となっている事実のことです。法律では「事由」という言葉を使います。保護者の労働または疾病などの事由が明らかになった乳児・幼児が保育所に入所できることになります。

①保育を必要とする事由とは

①　就労（フルタイムのほか、パートタイム、夜間、居宅内の労働など）
②　妊娠、出産
③　保護者の疾病、障害
④　同居又は長期入院している親族の介護・看護
⑤　災害復旧
⑥　求職活動（起業準備を含む）

⑦　就学（職業訓練校等における職業訓練を含む）

⑧　虐待や DV のおそれがあること

⑨　育児休業取得時に、すでに保育を利用している子どもがいて、継続利用が必要であること

⑩　その他、上記に類する状態として市町村が認める場合

　また、ひとり親家庭や虐待のおそれのある子どもの入所を優先させるなどの基準（優先利用）が設けられています。

②保育の必要性の認定とは

　保育所を利用するためには、市町村で「保育の必要性の認定」を受ける必要があります。保育所を利用する子どもたちは、2 号認定（3 歳以上児）と 3 号認定（3 歳未満児）の子どもたちです。そして、保育を必要とする事由や保護者の状況に応じ、保育所を利用できる時間（保育の必要量）が決められます。保護者の就労時間が、おおむね月 120 時間以上であれば「保育標準時間」、120 時間未満であれば「保育短時間」の認定を受けます。

　保育標準時間とは、保護者がフルタイムで働いている場合の必要量の認定で、一日最長 11 時間です。

　保育短時間とは、保護者がパートタイムで働いている場合の必要量の認定で、一日最長 8 時間で、1 か月あたり 48 時間〜64 時間の範囲で市町村が決めることになっています。

③保育所は何歳から入所できるのでしょう？

　保育所に入所できる年齢は、施設ごとに異なります。保育所は、乳児・幼児を保育する施設です。では、乳児とは何歳のことをいうのでしょう。児童福祉法第 4 条には、乳児とは満 1 歳に満たない者。幼児とは、満 1 歳から小学校就学の始期に達するまでの者とあることから、保育所の受け入れ対象年齢は、0 歳から小学校就学前までということになります。

　しかし、0 歳児から受け入れている保育所もあれば、1 歳になってからのところもあります。0 歳児からの受け入れが可能な場合でも、産休明けや生後 6 か月くらいからなど、施設により受け入れ時期は異なります。最近では、保護者のニーズに応え、産休明けからの受け入れ施設が増えています。保育を必要とする事由が発生した場合、定員に空きがあれば年度途中からでも入所することが可能です。

　保育所の保育料は、保護者の所得（市町村民税所得割課税額等）をもとに決められています。このように各保護者の収入に応じて保育料を支払うことを応能負担といいます。

　2019（令和元）年 10 月 1 日より、3 歳以上児の子どもの利用料が無償化されました（0〜2 歳児は、住民税非課税世帯を対象に無償化されています）。ただし、通園送迎費、食材料費、行事費などは保護者負担となります。また、生活保護世帯やひとり親世帯等で市長村民税非課税世帯の保育料は無料です。

図表 3-3　保育所の概要

施設の種類と根拠法	児童福祉法第 7 条に規定される児童福祉施設
管轄	内閣府（こども家庭庁）
設置の目的	児童福祉法第 39 条 　保育所は、保育を必要とする乳児・幼児を日々保護者の下から通わせて保育を行うことを目的とする施設とする。
内容や運営等について	保育所保育指針（内閣府告示）
保育者の資格要件	保育士（国家資格）児童福祉法第 18 条の 4
対象児童	児童福祉法第 39 条・児童福祉法第 4 条 　0 歳から小学校就学の始期に達するまでの幼児（必要に応じて随時入所）
保育時間	児童福祉施設の設備及び運営に関する基準第 34 条 　一日 8 時間を原則とし、地域の実情に応じて実施する。開所時間は 11 時間で、それを超えた延長保育を実施するところもある。 8 時間（保育短時間）、11 時間（保育標準時間）
設置主体	制限なし

（4）保育所の設置基準とは

　保育所の設置基準は、「児童福祉施設の設備及び運営に関する基準」に定められています。この設置基準は、児童福祉法第 45 条で規定された、保育所を設置するのに必要な最低の基準を示すもので、認可保育施設はこの基準を満たす必要があります。都道府県は国の基準を踏まえて、より地域の実情に則した基準を条例で定め、つねに最低基準を上まわるよう努めることが求められています。

　また、認可外保育施設では、施設に入所する児童の福祉の向上を図ることを目的に「認可外保育施設指導監督基準」（職員の資格や配置人数、保育室等の設備や面積、非常災害に対する措置等）が国から示されています。児童を保育するのにふさわしい内容や環境を確保しているかどうか確認するため、都道府県などが原則として年度ごとに 1 回以上の立ち入り調査を実施することになっています。

図表 3-4　保育所設置基準の概要（児童福祉施設の設備及び運営に関する基準第 32 条）

保育士の配置基準	0 歳児 3 人につき 1 人以上 1・2 歳児 6 人につき 1 人以上 3 歳児 20 人につき 1 人以上 4 歳以上児 30 人につき 1 人以上 ※ただし、常時 2 名以上を配置
設備・面積	0・1 歳児 ：乳児室またはほふく室、医務室、調理室、便所 　　　　　　　乳児室　　1.65m^2/ 人以上 　　　　　　　ほふく室　3.3m^2/ 人以上 2 歳以上児：保育室または遊戯室。屋外遊技場、調理室、便所 　　　　　　　保育室または遊戯室　1.98m^2/ 人以上 　　　　　　　屋外遊技場　3.3m^2/ 人以上

給食	調理室を設けること（自園調理） ＊調理業務の委託は可 ＊満3歳以上児について外部搬入可 ＊公立は0・1・2歳児の外部搬入可（特区）
職員	保育士、嘱託医、調理員を置かなければならない ＊調理業務を委託する場合は、調理員を置かないことができる
屋外遊技場	満2歳以上児　3.3m²/人以上
必要な設備	2階以上の園舎は、非常時や避難のための設備が必要 屋内階段、屋外階段、待避上有効なバルコニー、 屋外傾斜路（避難用の滑り台） ＊耐火構造であること ＊壁や天井の仕上げは不燃材料であること ＊カーテン、敷物等は防炎処理が施されていること
保護者との連絡	保護者と密接な連絡をとり、保育の内容などにつき、保護者の理解および協力を得るよう努める
質の評価	業務の質の評価を行い、つねに改善を図らなければならない。定期的に外部評価を受け、結果を公表し、つねに改善を図るよう努めなければならない。

4. 保育所の役割とは？

　保育所の役割とは、何でしょうか。保育所に通う子どもたちにとって、保育所とはどんなところでしょうか。保育所の一日の生活からもわかるように、子どもたちは生活時間のほとんどを保育所で過ごします。豊かな愛情のなかで、守られ、受け止められ、安心した気持ちのなかで、思い切り遊び、楽しみ、乳幼児期にふさわしい経験が積み重ねられることが重要です。保育所保育指針の総則には、一人ひとりの子どもの権利が尊重され、入所する子どもたちにとって「最もふさわしい生活の場」でなければならないと示されています。子どもたちが一日の生活の終わりに、「あー、おもしろかった」と笑顔で帰れるような、子どもが主体的に活動し、友達との関わりを楽しみ満足できる環境構成が大切です。保育所は、環境を通して、養護と教育を一体的に行うことを特性としている児童福祉施設です。子どもたちが環境を通して生活や遊びを総合的に学べるよう、保育者には倫理観に裏づけられた専門的知識や技術が求められます。

　また、保育所に子どもを預ける保護者のなかには、母親・父親になったばかりで子育てに不安を抱えている人もいます。地域社会では核家族化が進み、身近に相談相手もなく、子育て家庭が孤立しがちになっていることも問題になっています。子育ての負担感やストレスから児童虐待につながる恐れもあります。保育所は、入所する子どもの保育だけではなく、子どもの保護者や地域の子育て家庭に対する支援を行うことも重要な役割になっています。

　保育者という仕事は、人の人生の一時期に関わり、もっともかわいい乳幼児期の保育を任され、保護者と一緒に見守り、育て、愛情をそそぎ、成長の過程をともによろこび合うことが許される尊い仕事です。保育者が子どもの人格形成におよぼす影響が大きいことを考えると、大変責任のある仕事でもあります。いつか子どもが幼児期を振り返ったとき「ほんとに保育園はたのしかっ

たなぁー」と、愛されたこと、夢中で遊んだことを思い出し、勇気づけられ、癒されることにつながるとしたら、なんてすばらしいことでしょう。一人ひとりの子どもたちとの出会いをよろこび、大切にしたいと思います。

【参考文献】
・厚生労働省『保育所保育指針』フレーベル館、2017
・内閣府・文部科学省・厚生労働省『幼保連携型認定こども園教育・保育要領』フレーベル館、2017
・文部科学省『幼稚園教育要領』フレーベル館、2017
・厚生労働省「指定保育士養成施設の指定及び運営の規準について」（子発0427第3号　平成30年4月27日）
・厚生労働省「認可外保育施設に対する指導監督の実施について」（雇児発第177号　平成13年3月29日　[最終改正] 雇児発0620第27号　平成28年6月20日）
・厚生労働省「保育所入所手続き等に関する運用改善等について」（児保第12号　平成8年6月28日）
・内閣府「幼児教育・高等教育無償化の制度の具体化に向けた方針」（平成30年12月28日　関係閣僚合意）
・内閣府「よくわかる『子ども・子育て支援新制度』）
　https://www8.cao.go.jp/shoushi/shinseido/sukusuku.html（2019年8月30日閲覧）

Column

泣いてばかりの子どもを笑顔にできる10のこと

皆さんは、子どもは元気で素直で明るくて……という印象をもっているかもしれませんね。しかし、実習先で出会うのは、そんな子どもばかりではありません。なかには、元気がない子や素直でない子、すぐに泣いてしまう子もいます。実習で「泣いてばかりの子ども」に出会ったとき、どうすればいいでしょうか。ここでは、そのヒントをいくつか紹介します。

①あわてないこと

実習生は、子どもが泣くとあわててしまい「どうにかして泣きやませないといけない」と考えがちですが、子どもにとって泣くことも大切な意思表示です。泣くことは悪いことと考えず、まずはあわてずに落ち着いて関わることを心がけましょう。

②理由を問いつめないこと

「なんで泣いてるの？」「どうしたの？」とたずねるばかりでは、子どもも泣きたい気持ちが収まらず、実習生はますます困ってしまいます。まだ信頼関係のできていない実習生には話せないこともあるでしょう。そんなときは無理に話をさせようとせず、やさしい表情で子どものそばにいて、落ち着くのを待ってみるのも一つの方法です。

③名前を呼ぶこと

子どもにとって自分の名前を覚えてもらえるというのはうれしいものです。出会って数日の実習生が名前を呼んで話しかけてくれたら、安心して自分の心のなかにあることを話せるかもしれません。

④場所を変えること

悲しいとき、辛いことがあったとき、皆さんもいつもと違う場所で気分転換をすることがあるでしょう。子どももその場所を離れて違う環境に身を置くことで、少し気持ちの切り替えができることがあります。違う場所にやさしく誘導してみましょう。

⑤しっかりと話を聞くこと

　子どもが自分の気持ちを話したくなったら、しっかりと聞いてあげましょう。そのときに、「こうしたほうがいい」と指導をするよりは、共感することを大切にしましょう。子どもは、自分の思いを受け止めてもらえることで気持ちが落ち着きます。

⑥ちょっとした手づくりおもちゃをもっておくこと

　実習服やエプロンのポケットに、子どもの目をひきそうな手づくりおもちゃを入れておくと役に立つことがあります。おすすめは、折り紙でつくる「花ゴマ」です。花ゴマがきれいにまわる様子を見せてみたら、子どもがコマに興味をもってわくわくした気持ちになり、涙が止まることもあるでしょう。

⑦指人形などを使って話しかけること

　これもおもちゃと同じように、子どもの目をひくという作戦です。指人形やパペットなどを使って話しかけると、子どもは人形と会話をしようとします。子どもの気持ちをこちらに向けるのに有効です。

⑧簡単な遊びをたくさん知っておくこと

　子どもに声をかけたいときに、案外どういえばいいのかわからないことがあります。折り紙やわらべうたなど、すぐにできる簡単な遊びをたくさん覚えておいたら「一緒にやってみる？」と声をかけることができますね。

⑨楽しそうな様子を見せること

　おもちゃや指人形、わらべうたなど、できることをしても泣き止まないことも、もちろんあるでしょう。そんなときは無理に泣きやませようとせず、「一緒に遊びたくなったらおいでね」と声をかけてから、子どもから見えるところで、楽しく遊んでいる様子を見せてみましょう。楽しそうな様子に興味がわいて、涙を忘れて遊びたい気持ちになるかもしれません。

⑩自分が笑顔でいること

　何より大切なのは、実習生自身が明るい笑顔で毎日を過ごすことです。子どもにとって「この人と一緒にいると楽しい」という気持ちになれる存在になりましょう。

第**4**章

保育所実習とは

＜本章で学ぶこと＞

- 保育所実習の目的を理解し、実習に向けて心の準備と実習に対する姿勢を学びます。
- 保育所実習の流れを理解し、実習に対するイメージをふくらませます。
- 年齢別の保育の特徴と実習のポイントを理解しましょう。

1. 保育所実習の目的と心構え

（1）保育所実習の目的

　保育所実習は、養成校の講義や演習などで習得した教科全体の知識や技能を基礎とし、実際に "保育の場" に身を置いて、子どもに対する理解と保育の営みへの理解を深め、総合的に保育を実践する力を養うことを目的とします。つまり、保育士の子どもへの援助を観察して学び、実際に子どもたちと関わりながら、学校で学んだ知識や保育技術を集大成として発揮する機会になります。それと同時に、自身の課題を見つける機会にもなります。そして、明らかになった自己課題をもち帰り、さらに学びを重ねていきます。なお、保育所実習の目標は、おもに次のような内容です。

① 保育所の役割や機能について、具体的な実践を通して理解を深める。
② 観察や子どもとの関わりを通して子どもへの理解を深める。
③ 子どもの保育および子育て支援について総合的に理解する。
④ 保育の計画・実践・観察・記録および自己評価などについて理解を深める。
⑤ 保育士の業務内容や職業倫理について理解する。
⑥ 保育士としての自己の課題を明確化する。

（2）保育所実習に向けた心構え

　保育者を目指す皆さんにとって、実際に子どもたちと関わることのできる実習は、楽しみであると同時に日誌や指導案の書き方、保育実技など不安なこともあるでしょう。ここでは、実習生

として、どのような態度や姿勢で実習にのぞむのか、その心構えについて学びましょう。

　実習先の先生方は日々忙しい業務に携わっているにもかかわらず、後進のためにとご厚意で実習を引き受けています。まずはそのことに感謝の気持ちをもちましょう。そして、実習をさせていただくという謙虚な態度を忘れてはいけません。

　しかし、これは受け身でいるという意味ではありません。せっかくいただいた実習という貴重な機会ですから、明確な目標をもって積極的に行動しましょう。最初からうまくいくはずはありません。失敗を恐れて消極的になっていては、学びは深まりません。多くの経験を通じてあなたが成長することが、実習を引き受けてくれた先生方への恩返しになります。意欲的に取り組みましょう。

　さて、実習中はあなたも子どもたちに「せんせい」と呼ばれることでしょう。自分自身も子どもたちに影響を与える“人的環境”の一部であることを忘れてはなりません。実習生といえども、子どもたちの命を預かり子どもの育ちを支える保育の場に身を置いている以上、保育者として、社会人としてふさわしい行動が求められます。

　これらのことをふまえると、おのずと身だしなみや言葉遣い、礼儀作法、“報告・連絡・相談（ホウレンソウ）”などに留意する意味がわかってくるでしょう。十分に準備して実習にのぞみ、自主性と主体性をもって行動し、この貴重な体験を自身の成長の糧としましょう。

2. 保育所実習の実際

　養成校によっては、保育実習Ⅰと保育実習Ⅱを連続でする場合があります。また、配属のクラスも、10日間で年齢の違うクラスに入ったり、ずっと同じクラスに配属されたりする場合もあります。養成校の方針と保育所の実情に合わせて、配属クラスが決められます。

　では、これからは実習生Aさんの保育所実習中の“日記”を見てみましょう。「実習日誌」ではありませんので、Aさんの不安や期待、心の動きが率直に伝わってきます。事前訪問から保育実習Ⅰ（2歳児担当：10日間）、保育実習Ⅱ（4歳児担当：10日間）と時系列に見てみましょう。Aさんの学校では、保育実習ⅠとⅡは同じ園に行きますが、時期は連続ではなく、年齢も同じではありません。

（1）オリエンテーション（見学実習）

　実習開始まであと1か月。スケジュール帳を片手に子どもたちがお昼寝の時間帯をねらって実習園に電話をかける。電話のかけ方は事前に練習していたけれどかなり緊張した。訪問日時が決まったので、実習園までの交通手段や所要時間を改めて確認。すぐにメモがとれるように、質問する項目の整理をした。スーツの準備もしておかなくては……。

オリエンテーション当日、約束の時間の15分前に園に到着。子どもたちの声が聞こえてきて、ここで実習するのだなと実感がわいてきた。園長先生から、園の説明を受け、主任の先生から実習計画をうかがう。2歳児クラスで実習をすることになった。絵本の読み聞かせと集団遊びの設定保育の責任実習をすることに。早速、準備に取りかかろう！

(2) 保育実習Ⅰの流れと実習のポイント

ここでは、保育実習Ⅰの流れについて、実習生Aさんの日記を手掛かりとして、実習のポイントを紹介します。まずは、実習生Aさんの日記を読んでみましょう（2歳児クラス配属です）。

図表4-1　保育実習Ⅰの流れ〜保育実習Ⅰにおける実習生Aさんの日記から〜

日	実習の種類	保育実習Ⅰにおける実習生Aさんの日記から
1日目	観察実習	実習初日、不安とドキドキで初出勤。まずは笑顔で元気よく挨拶をした。早速に近寄ってくる子もいれば、遠巻きにこちらをうかがっている子もいる。手づくりしたウサギの名札が「かわいい！」と好評だった。なんとか1日目終了。帰宅して実習日誌を書きながら初日をふり返る。書き方は事前に習ってはいたものの、いざ書き始めようと思うとなかなか進まない。2時間かけてようやく完成。さあ、明日に備えよう！
2日目	観察実習	実習2日目。一日の生活の流れがおおよそわかった。子どもたちに元気に挨拶しながら、名前を覚えようとがんばった。子どもたちに「せんせい」と呼ばれて、少してれくさい感じがしたけれどうれしかった。
3日目	観察実習 参加実習	一日の生活の流れも頭に入って、給食の準備やお昼寝の支度など、次の活動のことを考えて動けるようになってきた。子どもたちの名前も覚えることができた。子どもたちからも近寄ってきてくれるようになって、楽しくなってきた。子どもはやっぱりかわいい。そろそろ、指導案の準備をしなくては。子どもたちの好きそうな題材にあわせて何冊か絵本を選んで、担任の先生に相談してみよう。
4日目	参加実習	日誌を書くのも少しずつ慣れてきて、時間も初日ほどかからなくなってきた。絵本の読み聞かせの指導案を書く。明日は担任の先生に指導案を提出する。
5日目	参加実習	今日はHちゃんとRくんがおもちゃの取り合いをした。間に入って何とかしようとしたが、二人とも譲らなくて、Hちゃんは泣き出すし、どうしてよいのか困ってしまった。子ども同士のいざこざがちょくちょくあったり、なかなかこっちの言うこと聞かなかったり……。これが2歳児なのかなと思うものの、どうにかしなきゃと困ってしまった。帰りに担任の先生から指導案のねらいの書き直しと終わり方について指導を受けた。
6日目	参加実習	実習も後半になった。1週間、あっという間だったような長かったような……。そろそろ設定保育「むっくりくまさん」の指導案を完成させよう。実習前からやってみたい活動だったので、ある程度は書けているけれど、もう一度、環境構成と保育者の配慮を少し追加しておかなくては……。明日は絵本の読み聞かせの責任実習もあるし、何だか少しあせってきた。

7日目	責任実習 絵本の読み聞かせ	はじめての責任実習。朝から少し緊張する。2日前に提出した指導案で指摘された部分をもう一度確認し、頭のなかで指導の流れを思い起こす。導入の手遊びの時点で子どもたちがとても集中してくれて、落ち着いて絵本を読むことができた。読み終わったときの子どもたちの満足げな表情がうれしかった。
8日目	参加実習	昨日の責任実習で読んだ絵本を保育室においておいたら、何人かが見ている。もう一回読んでほしいと言われ、気に入ってもらえてとてもうれしかった。
9日目	責任実習 集団遊び （むっくりくまさん）	今日は朝から少し緊張気味。子どもたちが楽しんでくれるか少し不安だけれど、子どもたちは追いかけっこが大好きなので大丈夫だと自分に言い聞かせた。「むっくりくまさん」を歌い終わって、クマ役の私が目を覚まして追いかけると、子どもたちは園庭中をキャーキャー言いながら逃げ回り、とても盛りあがった。クマのお面をいくつかつくり、子どもたちがクマ役を体験できるようにしておいてよかった。
10日目	参加実習	実習最終日。子どもたちとのお別れの日。さみしい気持ちと達成感が入り混じる。今日は子どもたちと思い切り遊びを楽しもう。クラスのみんなで遊べる手づくりおもちゃのプレゼントを渡すと、子どもたちがとてもよろこんでくれてうれしかった。つくるのは大変だったけど、子どもたちの笑顔を見て、やっぱりつくってよかったと思った。

　Aさんの日記からは、実習生が直面するとまどいや不安、うれしい気持ちなど、実習中の思いが伝わってきます。

　さて、保育実習Ⅰにおける観察実習のポイントは、何を観るのかを意識することです。オリエンテーション（見学実習）で得た情報を整理し、具体的なイメージをもってのぞみましょう。ただ、何となく身を置いて流れに沿うのではなく、一日の生活の流れや基本的生活習慣、保育の環境整備、保育者の子どもへの働きかけや子どもとのやり取り、子どもの遊びの様子など観点をもつようにしましょう。必要に応じて、箇条書きでも構いませんので要点のメモを取るようにします。

　参加実習では、保育者の補助として子どもたちと関わりながら実際の保育に参加しますが、ここでのポイントは保育者の意図を理解することです。ただ保育者の行動をまねるのではなく、何のためにここでこうするのかという意図を考えましょう。わからないときは実習担当者に質問しますが、保育の妨げにならないように気をつけます。

　参加実習中は、責任実習で行う保育の教材研究や指導案の作成にも取りかかります。責任実習のポイントは、事前に指導案を提出したうえで、実習担当者の指導を受けて準備を進めることです。実際には、指導案どおりに保育が進まないことや子どもたちの予想外の反応にとまどうこともあるでしょう。自分の思い描いたように保育が展開しなくても、その反省点を次に生かしていきましょう。

（3）保育実習Ⅱの流れと実習のポイント

　保育実習Ⅱは、保育実習Ⅰでの学びや反省をぜひとも生かしてほしいと思います。ここでも、Aさんの日記を取りあげますので、実習中の不安や期待を読み取りながら、具体的な実習の流れをつかみましょう（4歳児クラス配属です）。

図表4-2　保育実習Ⅱの流れ〜保育実習Ⅱにおける実習生Aさんの日記から〜

日	実習の種類	保育実習Ⅱにおける実習生Aさんの日記
1日目	観察実習	1年ぶりの保育所実習、いよいよ保育実習Ⅱが始まる。今回の実習クラスは、4歳児クラス。事前オリエンテーションで、担任の先生からクラスや子どもたちの様子をうかがった。今回は昨年の2歳児クラスと違って年齢も大きい。早く一日の流れを把握しよう。前回実習に入った2歳児クラスの子どもたちは1年で成長しているだろうな、様子が気になる。
2日目	参加実習	2歳児クラスでは、身のまわりのことを子どもが自分でできるように保育者がサポートすることが多かったけれど、4歳児クラスでは自分の力でさまざまなことができるようになっている。一方、友達関係でのトラブルが見られるけれど、この経験を通して人間関係を学んでいくのだと実感した。明日から連続して責任実習が始まる。今回の実習は指導案の作成に追われて、寝不足気味。
3日目		
4日目		
5日目	責任実習 （食事）	排泄、手洗いをうながしながら、給食当番の子どもたちの活動を見守った。子どもたちは自分の食べられる量がわかっているので、それにあわせた配膳をした。献立で苦手なメニューがあった子どもにも食が進むように声かけをした。
6日目	責任実習 集団遊び （じゃんけん列車）	設定保育は担任の先生と相談して「じゃんけん列車」をすることにした。普段からよくじゃんけん遊びをしているのでじゃんけんのルールはわかっている。今回はピアノではなくCDの曲に合わせて、曲の切れ目でじゃんけんをすることにした。負けたら勝った人の後ろについて肩に手をかけるルールを、実際に二人の子どもに見本になってもらって説明した。理解してくれたと思って、2回目の曲をかけたら、全員バラバラになってじゃんけんを始めたのであせってしまった。最後には列車がどんどん長くなっていくイメージができていなかったようだ。もう一度説明して、最後には長い1列の列車になれてホッとした。
7日目	責任実習 半日登園・食事	給食の指導は2回目だけれど、好き嫌いや食べ残しに対して、どう対応してよいのかなやんでしまう。
8日目	責任実習 半日午睡〜降園	お昼寝の前に、絵本の読み聞かせをしたが、なかなか寝つけない子どもがいたので、そばに行き背中をトントンした。しばらくすると寝息を立て始め、その寝顔がたまらなくいとおしく見えた。
9日目	責任実習 全日	とうとう全日責任実習の日を迎えた。設定保育は製作活動「紙皿コマ」を選び、いくつか見本をつくってみた。子どもたちは紙皿に思い思いに絵を描いて、とてもカラフルなコマに仕上がった。できあがった作品で子どもたちが楽しく遊ぶ姿が見られてうれしかった。活動の流れは頭に入ってはいたものの、少しハプニングが起こるとあせってしまい、気持ちに余裕がもてなくなってしまった。

10日目	参加実習	今日で保育所実習は終わり。子どもたちとのお別れがさびしいけれど、保育者になりたい気持ちは一層強くなった。責任実習の連続で指導案作成や教材準備で大変だったし、失敗もたくさんしたけれど、やり遂げた達成感でいっぱい。自分の課題もたくさん見つけることができ、充実した実習だった。実習を担当してくださった先生、子どもたちへの感謝の気持ちと別れのさびしさで最後は少し涙ぐんでしまった。

保育実習Ⅱは、責任実習が主になりますので、連日、指導案の作成と教材準備などに追われます。ここで気をつけなければならないことは、指導案は台本ではないということです。実習担当者の指導のもと、やっとの思いで作成した指導案ですので、責任実習では、つい指導案通りに子どもたちを動かさねばと思いがちです。保育の展開が計画どおりに進まなくても、この活動のねらい、つまり、この活動で子どもたちが何を経験し、子どもたちの何を育てたいのかと

いうことを第一に、子どもたちと一緒に活動をつくりあげていきましょう。

3. 年齢別のクラスの特徴と実習のポイント

保育所には0歳から6歳までの子どもたちがいます。3歳未満児のクラスと3歳以上児のクラスでは、生活リズムが異なり午睡やおやつの回数なども違います。一日の生活の流れの違いを見ていきましょう。

(1) 3歳未満児クラスの様子と実習のポイント

3歳未満児のクラスでは養護面の援助や関わりが主になります。この時期は、とくに心身の発育・発達が顕著であると同時に、その個人差も大きいため、一人ひとりの子どもの状態に即した保育が展開できるよう個別の指導計画を作成することが必要です。自分の身のまわりのことを自分でできるように、少しずつていねいに指導します。1クラスに複数の保育者がいるので、その連携の仕方も学びます。

① 0歳児クラス

もっとも月齢差、個人差が大きく、低月齢児、中月齢児、高月齢児によってデイリープログラムが異なります。乳児クラスでは、担当する子どもを決めて保育する「担当制」をとる場合があります。

図表 4-3　ある園の 0 歳児クラスの一日

時刻	低月齢児 生後 3 か月頃まで	中月齢児 生後 4 ～ 10 か月頃	高月齢児 生後 11 か月頃～	保育者・実習生の動き
7：30	開園　順次登園	開園　順次登園	開園　順次登園 遊び	安全点検・環境整備 受け入れ・視診・検温・連絡帳確認 遊びの見守り
9：30	授乳	離乳食　授乳	おやつ	おやつ・食事の準備
10：00	外気浴	外気浴	散歩・遊び	遊びの見守り
11：30	授乳		食事	食事援助
12：30			午睡	午睡援助
13：00		離乳食　授乳		食事援助
14：00			遊び	遊びの見守り
14：30	授乳			
15：00			おやつ 遊び	おやつ援助 健康状態・着衣の確認
16：00	順次降園	順次降園	順次降園	保護者への連絡 清掃

＊必要なときに水分補給・おむつ交換をします。
＊低・中月齢児は各自のペースで「睡眠」「遊び」が入ります。
＊標準保育時間以外に延長保育（早朝・夕方以降）があります。

② 1・2 歳児クラス

1 歳児は自分で歩き出し、興味あるものへの探索行動が増えます。いろいろなものを見て、さわって確かめます。言葉も出始め、手先も器用になってきます。大人の模倣をしながら基本的な生活習慣を身につけていく時期でもあります。2 歳児になると、自分でやりたいという意欲が強くなります。食事や衣服の着脱、排泄訓練など保育者の手をかりながら「自分でできた！」と自信をもつようになります。

図表 4-4　ある園の 1・2 歳児クラスの一日

時刻	1 歳児	2 歳児	保育者・実習生の動き
7：30	開園　順次登園 好きな遊び	開園　順次登園 好きな遊び	安全点検・環境整備 受け入れ・視診・検温・連絡帳確認 遊具の準備　一緒に遊ぶ
9：30	おやつ	おやつ	おやつ援助
10：00	散歩	散歩　遊び	
11：00	食事	食事	食事準備・食事援助 食事片づけ
12：00	午睡	午睡	午睡援助
14：00	目覚め　着替え	目覚め　着替え	着替え援助
14：30	おやつ 好きな遊び	おやつ 好きな遊び 帰りの会	おやつ援助 一緒に遊ぶ 健康状態・着衣の確認
16：00	順次降園	順次降園	保護者への連絡 清掃

＊標準保育時間以外に延長保育（早朝・夕方以降）があります。

(2) 3 歳以上児クラスの様子と実習のポイント

　3 歳以上児クラスでは教育面の指導が増えてきます。また、ほかの子どもたちとの関わりも増えてきますので、人間関係づくりやクラス集団としてのまとまりも意識して保育していくことになります。チーム保育の多い 3 歳未満児クラスと違って一人担任の場合もあります。

図表 4-5　ある園の 3・4・5 歳児クラスの一日

時刻	子どもの活動		保育者・実習生の動き
7：30	開園　順次登園 好きな遊び		保育室や園庭の安全確認、環境整備 受け入れ（朝の挨拶、視診） 遊具の準備　一緒に遊ぶ
9：30	片づけ		片づけ
10：00	朝の会 クラスでの活動		設定保育 ↓
11：30	片づけ・食事準備		配膳

12：00	食事・片づけ・午睡の準備	食事援助・午睡準備
13：00	午睡	午睡補助
14：30	目覚め・着替え	着替え援助
15：00	おやつ	配膳
	好きな遊び	一緒に遊ぶ
16：00	降園準備・帰りの会	人数確認、身支度、持ち物・配布物の確認
	順次降園	保護者への連絡
		清掃

＊標準保育時間以外に延長保育（早朝・夕方以降）があります。

【参考文献】
・厚生労働省雇用均等・児童家庭局長「指定保育士養成施設の指定及び運営の基準について」（子発 0427 第 3 号、平成 30 年 4 月 27 日）
・厚生労働省『保育所保育指針解説』フレーベル館、2018
・志村聡子編著『はじめて学ぶ乳児保育（第二版）』同文書院、2018
・石橋裕子・林幸範編著『新訂　幼稚園・保育所・児童福祉施設等　実習ガイド』同文書院、2018
・林幸範・石橋裕子編著『最新　保育園・幼稚園の実習完全マニュアル』成美堂出版、2018

Column

知ってるだけでお得！
部分実習かんたんレシピ

　さあ、いよいよはじめての部分実習です。ここでは、部分実習を料理に見立て、レシピを練ってみましょう。

> 調理手順
>
> 1．下ごしらえ
> 　（リサーチ・環境構成）
>
> 2．レシピの組み立て
> 　（活動内容の工夫・確認）
>
> 3．調理(部分実習本番)

　部分実習を料理に例えると、調理手順は左の図のようになります。1と2に時間をかければかけるほど、自信をもって行うことができます。

　部分実習をいつの時点で行うにしろ、それ以前にたくさんの準備が必要になります。余裕をもって部分実習に取り組めるように、少しでも早く準備を始めましょう。

1．下ごしらえ（リサーチ・環境構成）

★**ポイント：下ごしらえは、材料（情報）集めと環境構成です！　観察実習期間
　　　　　　に準備しましょう。**

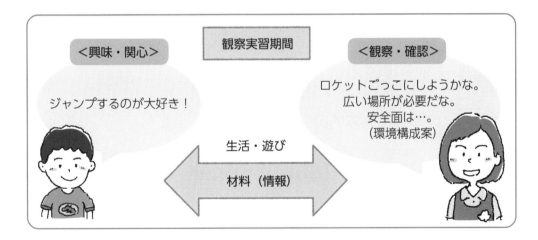

　子どもが、どのようなことに興味を示しているかを注意深く観察し、一緒に遊ぶことによって確認していきます。また、苦手なこと、達成できないでいることも観察し、一人ひとりの子どもの興味・関心をノートにまとめておきましょう。たとえば、破ることが好きな子どもが多いから新聞紙を使って遊んでみよう、身体を動かすことが好きな子どもが多いから運動遊びをしてみよう、友達との関わりが難しいようだから協同で遊ぶ活動をしてみようなど、たくさんの材料が集まれば、ねらいや活動内容、活動に適した環境構成

を考えやすくなります。

2. レシピの組み立て（活動内容の工夫・確認）

★ポイント：子どもが、さまざまなことを発見しながら楽しく活動できるように、
「導入→展開→まとめ」の順番で部分実習案を組み立てましょう。

「宇宙人」のレシピ

導入：宇宙を連想する効果音をピアノなどで鳴らす。
宇宙人からの手紙を読む。
手遊び「宇宙人」を行う。

展開：紙コップロケットをつくる。
「宇宙船のうた」を歌う。
うたに合わせて、紙コップロケットを飛ばす。

まとめ：宇宙人の手紙に返信するために、内容を考える。

　部分実習案を立てるときは、子どもの興味の変化と気づきを予測しながら、どのような順番で活動を行っていくかを考え、何度も組み立て直し、確認することが大切です。子どもは、思いもよらない行動をするときがあります。さまざまな場面を想定し、どのような援助や関わりが必要か考えておきましょう。

3. 調理（部分実習本番）

★ポイント：臨機応変な対応が必要です！

| 子どもの興味が違うところに……。 | | 思い切って用意していたことを変更する。 |

| 時間どおりにいかない……。
時間が足りない……。 | | 無理に部分実習案の最後まで到達しなくてもよい。
発展活動でまとめ、終了することもOK！ |

　部分実習の本番で大切なことは、レシピ（計画）どおりに進めることではありません。子どもたちが最後まで楽しく参加でき、活動のなかで学びにつながる何かに気づくことが大切なのです。そのためにもねらいをつねに意識し、子どもの興味の持続に注視しながら部分実習を行いましょう。活動の順番が多少変わっても、本番時には楽しく調理（活動）する気持ちを忘れずに進めてくださいね。

第5章
施設とは

＜本章で学ぶこと＞

- 施設実習を行う施設の種類、対象となる児童、施設の目的などについて学びます。
- 施設実習を行う施設の役割と機能について学びます。

1. 施設実習とは

「指定保育士養成施設の指定及び運営の基準について」（厚生労働省）によると、保育実習の履修方法および実習種別として、以下のように示されています。

図表5-1　保育実習の履修方法および実習種別

実習種別 （第1欄）	履修方法（第2欄）		実習施設 （第3欄）
	単位数	おおむねの実習日数	
保育実習Ⅰ（必修）	4単位	20日	(A)
保育実習Ⅱ（選択必修）	2単位	10日	(B)
保育実習Ⅲ（選択必修）	2単位	10日	(C)

備考1　第3欄に掲げる実習施設の種別は、次によるものであること。
(A)…保育所、幼保連携型認定こども園又は児童福祉法第6条の3第10項の小規模保育事業（ただし、「家庭的保育事業等の設備及び運営に関する基準」（平成26年厚生労働省令第61号）第3章第2節に規定する小規模保育事業A型及び同基準同章第3節に規定する小規模保育B型に限る）若しくは同条第12項の事業所内保育事業であって同法第34条の15第1項の事業及び同法同条第2項の認可を受けたもの（以下「小規模保育A・B型及び事業所内保育事業」という。）及び乳児院、母子生活支援施設、障害児入所施設、児童発達支援センター、障害者支援施設、指定障害福祉サービス事業所（生活介護、自立訓練、就労移行支援又は就労継続支援を行うものに限る）、児童養護施設、児童心理治療施設、児童自立支援施設、児童相談所一時保護施設又は独立行政法人国立重度知的障害者総合施設のぞみの園 (B)…保育所又は幼保連携型認定こども園或いは小規模保育A・B型及び事業所内保育事業(C)…児童厚生施設又は児童発達支援センターその他社会福祉関係諸法令の規定に基づき設置されている施設であって保育実習を行う施設として適当と認められるもの（保育所及び幼保連携型認定こども園並びに小規模保育A・B型及び事業所内保育事業は除く。）

（厚生労働省（子発0427第3号）「指定保育士養成施設の指定及び運営の基準について」より抜粋、一部筆者改変）

保育士の資格取得のための実習を大きくわけると「保育所（保育所、幼保連携型認定こども園、小規模保育事業等）で行っている保育実習」と「保育所以外の福祉施設で行う保育実習」があります。そして一般的に「保育所で行っている保育実習」は「保育実習」、「保育所以外の福祉施設

で行う保育実習」は「施設実習」と呼ばれています。ここでは「施設実習」で実習を行うおもな
社会福祉施設について、詳しく学ぶこととします。

2. 施設実習を行うおもな社会福祉施設

(1) 児童福祉施設

①乳児院

　1947（昭和22）年に設置された乳児院の目的は、戦災孤児や発育不良、感染症などから子ど
もたちを保護することであり、その後も、家族と暮らせない乳幼児と家族を支え続けてきました。
現在は、児童福祉法第37条に「乳児（保健上、安定した生活環境の確保その他の理由により特
に必要のある場合には、幼児を含む。）を入院させて、これを養育し、あわせて退院した者につ
いて相談その他の援助を行うことを目的とする施設」と規定されています。

図表 5-2　乳児院の一日（例）

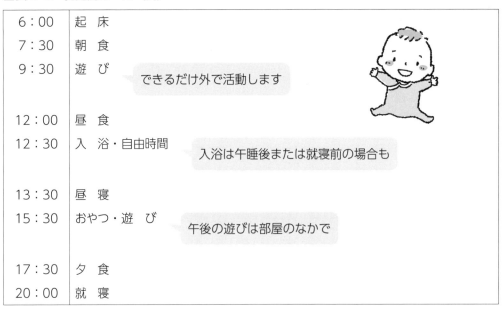

6：00	起　床	
7：30	朝　食	
9：30	遊　び	できるだけ外で活動します
12：00	昼　食	
12：30	入　浴・自由時間	入浴は午睡後または就寝前の場合も
13：30	昼　寝	
15：30	おやつ・遊　び	午後の遊びは部屋のなかで
17：30	夕　食	
20：00	就　寝	

　入所理由は、父母の離婚、死亡、疾病（精神疾患を含む）、虐待、経済的困窮、受刑など、さ
まざまです。入所児の約半数は病児・虚弱児、障害児、被虐待児で、子ども自身も心身に何らか
の問題を抱えています。退所先は、半数以上が里親もしくは児童養護施設などです。
　入所期間は、児童福祉法において乳児は1歳未満とされていますが、乳児院では、必要がある
場合、小学校入学前の児童までを養育でき、実際には新生児から2歳くらいまでの乳幼児が多く
入所し、平均1.2年となっています。入所時の平均年齢も1.2歳です。
　おもな職員には、小児科の医師、看護師、保育士、調理員、家庭支援専門相談員、里親支援専
門相談員、心理士などのスタッフが置かれています。

②母子生活支援施設

　従来は、「母子寮」として生活に困窮する母子家庭に住む場所を提供していた施設が、1997（平成9）年「母子生活支援施設」に名称変更されました。現在は、児童福祉法第38条に「配偶者のない女子又はこれに準ずる事情にある女子及びその者の監護すべき児童を入所させて、これらの者を保護するとともに、これらの者の自立の促進のためにその生活を支援し、あわせて退所した者について相談その他の援助を行うことを目的とする施設」と定義されています。つまり、母子家庭として経済的もしくは精神的に生活が安定せず、子どもへの影響が懸念される者が入所対象です。そして、それらの母子が一緒に日常生活を送りながら、心身と生活を安定するための相談・援助や自立の支援を受ける施設です。

　近年の母子生活支援施設の入所理由は、「夫などの暴力」による者が約半数を占め、一時保護施設として、DV被害者の保護から自立支援を進めるための機能も高くなっています。精神障害や知的障害のある母や発達障害の子ども、外国籍の母子も増加しています。

　施設での生活は、母子ごとに独立した部屋で施設内の備品を使い生活ができるようになっています。6畳一間に簡易キッチンでお風呂は共同、1LDKでバス・トイレ完備など、間取りは施設によって異なります。施設から子どもは通学、母親は通勤することができます。

　おもな職員は、母子支援員（保育士資格所有者）、少年指導員、調理員、医師、心理士などで、24時間体制で常駐し、相談も常時できるように整備しています。

③児童養護施設

　児童養護施設は、児童福祉法第41条に「保護者のない児童（乳児を除く。ただし、安定した生活環境の確保その他の理由により特に必要のある場合には、乳児を含む。以下この条において同じ。）、虐待されている児童その他環境上養護を要する児童を入所させて、これを養護し、あわせて退所した者に対する相談その他の自立のための援助を行うことを目的とする施設」とされて

図表5-3　児童養護施設の一日（例）

時刻	内容
6：00	起　床・洗　面・身支度
7：00	朝　食
8：00	学齢児は学校へ登校
9：00	園児は幼稚園に登園
15：30〜17：30	降　園・下　校　　おやつ、宿題、自由時間
18：00	夕　食
19：00	入　浴
20：00	就　寝（幼　児）
20：30	就　寝（小学生低学年）
21：00	就　寝（小学生高学年）
22：00	就　寝（中・高生）

います。

　入所する子どもたちは家庭での養育が困難な状況にあり、虐待を受けた子どもは半数以上、何らかの障害をもつ子どもが2割程度といわれています。入所時の平均年齢は6歳くらい、在籍児の平均年齢は11歳くらいです。平均在籍期間は5年程度ですが、10年以上という在籍児も1割以上います。対象年齢は満1歳からですが、必要に応じて乳児が入所することもあります。上限年齢は、2024（令和6）年度より年齢による一律の利用制限の弾力化が図られ、都道府県知事が必要と認めた者は、満20歳以降も児童自立生活援助事業を活用して、同じ施設に入所し続けることが可能となりました。

　施設の形態には、20人以上の児童が一つの建物のなかで生活を送る大舎制、1舎に13〜19人の児童が生活する中舎制、少人数のグループにわかれ、より家庭に近い生活をしたり、建物の構造自体が小グループで生活したりする小舎制などがあります。近年は小舎制が増えています。また、施設から離れ地域のなかで生活する地域小規模施設やグループホームなど、個の生活をより大切にしていく形を目指しています。

　職員は、児童指導員、保育士、家庭支援専門相談員、里親支援専門相談員、個別対応職員、心理療法担当職員、栄養士、調理員、医師、事務員などが置かれています。

④障害児入所施設

　障害児入所施設は、視覚、聴覚、知的、身体、精神などに障害のある児童が入所し、日常生活の指導や自活に必要な知識や技能の付与を行う施設です。児童福祉法第42条第1項で「障害児を入所させて、当該各号に定める支援を行うことを目的とする施設」として「福祉型障害児入所施設」と「医療型障害児入所施設」をあげています。以前は障害種別ごとでしたが、複数の障害に対応できるよう2012（平成24）年度より一元化が図られました。

図表5-4　障害児入所施設の一日（例）

学齢児		在所児	
6：00	起　床・洗　面・身支度		
7：00	朝　食		
8：00	登　校	9：00	生活訓練、療育指導、自由遊び、散歩など
		12：00	昼　食
15：00	下　校	13：00	昼寝、入浴、生活指導、療育指導、自由遊び
	おやつ、自由時間		
18：00	夕　食		
	自由時間、入　浴		
20：00	就　寝（幼　児）		
21：00	就　寝（学齢児）		

　入所理由は、福祉型、医療型ともに、措置では虐待（疑いあり）と保護者の養育力不足が多く、契約では保護者の養育力不足が多くなっています。入所児童の在所措置は、必要があると認めら

れたときは満20歳に達するまでとることができます。さらに、満20歳に到達しても自立した日常生活あるいは社会生活を営むことが著しく困難な者については、満23歳までの在所措置が可能とされています。

　職員は、福祉型では、医師、看護師、児童指導員、保育士、児童発達支援管理責任者、栄養士、調理員、心理士、医療型では福祉型に加えて理学療法士、作業療法士などが配置されています。

福祉型障害児入所施設： 　障害のある児童の保護を行い、日常生活の訓練、知識や技能訓練を行い、自立を目指す施設です。主として知的障害児の入所施設、主として盲ろうあ児の入所施設、主として肢体不自由児の入所施設、主として自閉症児の入所施設があります。

医療型障害児入所施設： 　福祉型に加えて、医療提供やリハビリなどの支援を行います。主として自閉症児の入所施設、主として肢体不自由児の入所施設、主として重症心身障害児の入所施設があります。

⑤児童発達支援センター

　児童発達支援センターは、地域の障害のある子どもや家庭環境などに困難を抱えた子どもが通所し、一人ひとりの特性に合った療育や訓練を通して、日常生活に必要な基本的動作の習得、集団生活への適応に向けた支援、保護者への相談・支援などを実施しています。児童福祉法第43条の1で「障害児を日々保護者の下から通わせて、高度の専門的な知識及び技術を必要とする児童発達支援を提供し、あわせて障害児の家族、指定障害児通所支援事業者その他の関係者に対し、相談、専門的な助言その他の必要な援助を行うことを目的とする施設」とされています。以前は障害種別でしたが、複数の障害に対応できるよう2012（平成24年）年度より一元化されました。また、2024（令和6年）度からは「福祉型」「医療型」と分けられていた児童発達支援の類型についても一元化が図られ、障害種別にかかわらず、身近な地域で必要な発達支援が受けられるようになりました。

図表5-5　児童発達支援センターの一日（例）

9：30	登　園　⇒　準　備・自由遊び	
10：00	朝の会	
10：30	集団または個別の保育、 日常生活訓練、療育、遊びなど	個々の子どもに合わせたプログラムを実施
12：00	昼　食	
13：00	集団または個別の保育、 日常生活訓練、療育、遊びなど	個々の子どもに合わせたプログラムを実施
	降園準備	
14：30	帰りの会	
15：00	降　園	

　多くの場合、子どもと保護者は一緒に通所して、日常生活能力向上の指導や、障害の特性や子

どもの発達段階に合わせた療育を受けます。また、保護者も子どもへの介護や看護の方法、適切な指導方法を学んだり、療育相談を受けたりします。

　おもな職種としては、児童指導員、保育士、医師、看護師、栄養士、調理員、児童発達支援管理責任者、理学療法士、作業療法士などが配置されています。

⑥児童心理治療施設

　児童心理治療施設は、児童福祉法第43条の2で「家庭環境、学校における交友関係その他の環境上の理由により社会生活への適応が困難となった児童を、短期間、入所させ、又は保護者の下から通わせて、社会生活に適応するために必要な心理に関する治療及び生活指導を主として行い、あわせて退所した者について相談その他の援助を行うことを目的とする施設」とされています。以前は情緒障害児短期治療施設でしたが、2017（平成29）年に名称変更されました。

図表 5-6　児童心理治療施設の一日（例）

6：00	起　床・洗　面・身支度
7：00	朝　食
8：00	登　校
	個別の心理治療　週1回
14：30	下　校
15：00	学習時間
	おやつ、部屋の片づけ
	自由時間
18：00	夕　食
19：00	入　浴
	就寝準備、着替え、歯みがき
21：00	就　寝（小学生）
22：00	就　寝（中学生）

　対象は心理的（情緒的）、環境的に不適応を示している子どもとその家族です。入所児童は、被虐待児、発達障害児、軽度・中度の知的な課題を有する子どもの割合が多い傾向があります。年齢は小・中学生が中心ではありますが、満20歳に達するまで在所措置はとれるとされています。

　施設では、心理治療（含む家族療法）、生活指導、学校教育が実施されています。それらの専門職員として、心理療法担当職員、保育士または児童指導員、教師が配置され、協力して治療や指導にあたっています。また、児童精神科などの医師に常時連絡がつき対応できる体制も整備されています。その他に栄養士、調理員、事務員などのスタッフもいます。

　学校は、施設内分教室、地域の学校への通学などさまざまです。施設内分教室では、学習の遅れや学力の低下、人間関係の課題など、個々に合わせた個別指導が行われています。

⑦児童自立支援施設

児童自立支援施設は、児童福祉法第44条の1に「不良行為をなし、又はなすおそれのある児童及び家庭環境その他の環境上の理由により生活指導等を要する児童を入所させ、又は保護者の下から通わせて、個々の児童の状況に応じて必要な指導を行い、その自立を支援し、あわせて退所した者について相談その他の援助を行うことを目的とする施設」とされています。以前は「教護院」でしたが、1997（平成9）年の児童福祉法改正にて目的が救護（教育・保護）から自立支援となり、名称も改められました。

図表5-7　児童自立支援施設の一日（例）

6：00	起　床・洗　面・着替え
7：00	洗　濯・清　掃
7：30	朝　食
8：30	登　校
	学習指導　　　心理治療があります
13：00	下　校・昼　食
13：30	登　校
	学習指導・クラブ活動
15：30	下　校
16：00	スポーツ
	自由時間　　おやつもあります
	一日のふり返りの記録を書きます
18：00	夕　食
19：00	入　浴・洗　濯・自由時間
21：30	就寝準備
22：00	就　寝

児童の特徴は、窃盗・家出・怠学・粗暴といった非行行動を入所理由とし、それらの反社会的・非社会的行動が重複しています。近年では、発達障害や家庭に問題（ひとり親、離婚、貧困、虐待など）のある子どもが増えています。入所は児童相談所（都道府県知事）または家庭裁判所による決定になります。施設内では、生活指導、学習指導（小・中学校の分教室などが施設内に設置）、作業指導、心理治療、スポーツ指導などが行われています。

入所児童の平均年齢は約14歳であり、在籍期間は1年未満が6割程度、1年以上2年未満が3割程度です。退所後は、自宅に戻って高等学校に進学するケースが増えていますが、就職したり、児童養護施設に入所したりする子どももいます。

職員は、医師、看護師、心理士、保育士、児童指導員、家庭支援専門相談員、栄養士、調理員

などが置かれています。

⑧児童厚生施設

　児童厚生施設は、児童福祉法第40条で「児童遊園、児童館等児童に健全な遊びを与えて、その健康を増進し、又は情操をゆたかにすることを目的とする施設」と定義されています。屋外を児童遊園、屋内を児童館とし、地域の子どもは誰でも利用できます。そしていずれも無人施設ではなく、職員が子どもを見守って、安全に遊べるように管理しています。

　児童遊園は、主として幼児および小学校低学年の学童の利用を対象としており、ぶらんこ、砂場、滑り台、ジャングルジムなどの設備をもち、児童厚生指導員が指導する施設です。代表的なものとして、神奈川県横浜市にある「こどもの国」があります（皇太子明仁親王（現上皇）のご成婚・浩宮徳仁親王（現天皇陛下）ご誕生を記念し、1965〈昭和40〉年に設置）。

　児童館には、小型児童館（狭いエリアを対象として、健全な遊び場を提供し、健康を促進）、児童センター（遊びを通じて子どもの体力増進を目的）、大型児童館（広いエリアの子どもを対象とする施設）に類型されています。

（2）　その他の社会福祉施設

①障害者支援施設

　障害者支援施設は、障害者の日常生活及び社会生活を総合的に支援するための法律（障害者総合支援法）第5条第11項に「障害者につき、施設入所支援を行うとともに、施設入所支援以外の施設障害福祉サービスを行う施設」と規定されています。

　入所型施設のため、夜は「施設入所支援（入浴、排せつ、食事等）」が行われ、昼は「日中活動系サービス（生活介護、自立訓練（生活訓練）、自立訓練（機能訓練）、就労移行支援、就労継続支援B型等）」を利用します。

　利用対象者は、18歳以上で障害支援区分4以上の方（50歳以上の場合は障害支援区分3以上の者）となります。しかし、自立訓練、就労移行支援を受けており、障害者支援施設に入所して訓練を受けるのが効果的であると認められる者、その他の障害福祉サービスに通うことが困難と認められた者、サービス等利用計画案を経て各自治体で必要性が認められた者、すでに障害者支援施設に入居している者は引き続き利用可能です。

　職員は、医師、看護師、生活支援員、職業指導員、就労支援員、理学療法士、作業療法士などが配置されています。

図表5-8　障害者支援施設の一日（例）

時刻	内容
6：00	起床、洗面、身支度
7：30	朝食
	休憩
9：00	日中活動
12：00	昼食・休憩
13：00	日中活動
17：00	入浴
18：30	夕食
	自由時間
21：00	就寝

②指定障害福祉サービス事業所

障害福祉サービス事業は、障害者の日常生活及び社会生活を総合的に支援するための法律（障害者総合支援法）第5条第1項に「『障害福祉サービス』とは、居宅介護、重度訪問介護、同行援護、行動援護、療養介護、生活介護、短期入所、重度障害者等包括支援、共同生活介護、施設入所支援、自立訓練、就労移行支援、就労継続支援及び共同生活援助をいい、『障害福祉サービス事業』とは、…（中略）…障害福祉サービスを行う事業」と定義されています。このような障害福祉サービスの事業を提供する場所として、都道府県知事の指定を受けた事業所が指定障害福祉サービス事業所です。障害福祉サービスは、その内容によって、介護給付（居宅介護、重度訪問介護、同行援護、行動援護、療養介護、生活介護、短期入所、重度障害者等包括支援、共同生活介護、施設入所支援）、訓練等給付（自立訓練、就労移行支援、就労継続支援および共同生活援助）に分類されます。

希望者は、市役所福祉課や相談支援事業所に相談、申請、審査会での認定後に、相談支援専門員が本人や家族から状況を聴き、支援計画を作成後、利用者がサービス提供事業所と契約し、利用が開始されます。

職員は、施設管理者、サービス提供責任者は必ず置かれ、事業内容によって、医師、看護師、理学療法士、作業療法士、生活支援員、職業指導員、就労支援員、相談支援員、調理員、栄養士などが配置されています。

図表 5-9　就労移行支援 B 型の一日（例）

9:30	出　勤・朝　礼・体　操
9:45	作　業
12:00	昼　食・休　憩
13:00	作　業
15:00	お　茶・終了の会
15:30	退　勤

③児童相談所一時保護施設

児童相談所は児童福祉法第12条に基づき、児童に関するさまざまな問題についての相談に応じ、専門的な調査や判定および必要な指導を行い、必要に応じて一時保護、児童福祉施設への入所、里親委託等を行う行政機関で、都道府県と政令指定都市に設置が義務づけられています。同法第12条第4項には「児童相談所には、必要に応じ、児童を一時保護する施設を設けなければならない」と明記されています。

一時保護が行われるのは、①緊急保護（放任、虐待、子どもの行動が自他への危害をおよぼす恐れがあるなど）、②行動観察（援助指針決定のための行動観察・生活指導などの必要がある場合）、③入所指導（短期間の心理療法や生活指導などが有効である場合）などが考えられます。近年の現状は、一時保護理由は、約半数が「児童虐待」であり、次いで、「虐待以外の養護」「非行」などです。平均保護期間は約40日ですが、1週間程度で親元に戻ることもあれば、1年を超えている場合もあります。

児童相談所の職員は、児童指導員、医師、保育士、心理療法担当職員、個別対応職員、栄養士、調理員、看護師、職業指導員などが配置されています。

　一時保護所では、規則正しい生活が送れるよう、学習が遅れないよう、学習が苦手な子どもは少しでも苦手意識が軽減できるよう、学習時間を設けたり、心理面のケアやコミュニケーション能力の向上を目的に、レクリエーションの時間を設定しています。

図 5-10　一時保護施設の一日（例）

7：00	起　床・洗　面・身支度
8：00	朝　食
9：00	学齢児：学習　幼児：遊び
12：00	昼　食
13：00	レクリエーション
15：00	入　浴・自由時間
18：00	夕　食
20：00	就　寝（幼　児）
21：00	就　寝（学齢児）

【参考文献】
・厚生労働省子発 0831 第 1 号「指定保育士養成施設の指定及び運営の基準について」令和 4 年 8 月 31 日
　https://www.hoyokyo.or.jp/material2-2_2022-8-31.pdf（2023 年 10 月 1 日閲覧）
・「児童福祉法」
　https://elaws.e-gov.go.jp/document?lawid322AC0000000164_20240401_505AC0000000019
　（2023 年 10 月 1 日閲覧）
・「児童福祉法等の一部を改正する法律（令和 4 年法律第 66 号）の概要」
　https://www.mhlw.go.jp/content/000994205.pdf（2023 年 10 月 1 日閲覧）
・「児童福祉法等の一部を改正する法律案新旧対照条文」
　https://www.mhlw.go.jp/content/000991034.pdf（2023 年 10 月 1 日閲覧）
・「障害者の日常生活及び社会生活を総合的に支援するための法律（障害者総合支援法）」
　https://elaws.e-gov.go.jp/document?lawid=417AC0000000123_20240401_504AC0000000104
　（2019 年 8 月 15 日閲覧）
・「全国乳幼児福祉協議会」ホームページ
　https://nyujiin.gr.jp/about/（2019 年 8 月 15 日閲覧）
・「社会福祉法人全国社会福祉協議会・全国母子生活支援施設協議会」ホームページ
　https://www.zenbokyou.jp/（2023 年 10 月 1 日閲覧）

第6章

施設実習とは

＜本章で学ぶこと＞
- 各施設における実習の具体的な内容を整理します。
- 施設実習における具体的な目標設定に向けた手立てを示します。

1. 施設実習の目的と心構え

(1) 施設実習の目的

　施設実習では、保育所とは異なる児童福祉施設等、すなわち児童養護施設などの施設の役割や機能を、より具体的に理解することを目指します。

　家庭で生活する子どものなかには、理由はさまざまですが、福祉の協力を得なければ生活の質を一定に保つことのできない子どもが存在します。施設を利用する子どもは、世の中において決して特別な存在ではありません。保育所・認定こども園などで働く保育者を目指す皆さんにとって、児童養護施設のような社会的養護の機能をもつ施設の役割や機能、またそこを利用する子どもの特性や生活を具体的に知ることは、日々の保育における細やかな観察力や支援のスキルを高めることにつながります。これは、子どもの最善の利益を最大限に考慮した保育を実現することでもあり、とても大切です。

　もちろん、施設保育士を目指す皆さんにおいては、自身の進路を具体的にイメージするよい機会であり、多くの貴重な学びや出会いがあることは間違いありません。

(2) 施設実習に向けた心構え

　保育者の養成校に在籍する学生さんのなかには、「保育者の働く場は保育園や認定こども園！」というイメージを強くもたれている方も少なくありません。施設実習では、小・中学生や高校生が利用する施設、または成人が利用する施設で実習をすることになります。また、入所施設で実習する場合には、10日間の宿泊をともないます。そのため施設実習に向けて、さまざまな不安を抱えることもあるでしょう。この章では、施設実習の具体的な内容を整理し、施設実習への不安を少しでも軽くしたうえで、具体的な目標設定に向けた手立てを示します。

第6章　施設実習とは

実習施設のなかには、家庭の機能をもつ施設があります。乳児院や児童養護施設、障害児（者）入所施設がこれに当たります。これらの施設を利用する子ども（成人）は、「ここが自分の家」として生活しています。実習生は、その「家」に仲間入りさせていただきながら実習するという意識を忘れずにいることが大切です。

2. 施設実習の実際

(1) 実習の流れ

①事前オリエンテーション

施設実習のオリエンテーションは、実習の約1か月前に自ら電話で依頼をするというような保育所などの方式とは異なり、あらかじめ実習施設から設定された日時にほかの養成校からの実習生も一堂に会して行うというやり方をする場合があります。その場合は、施設から養成校宛にオリエンテーションの日時などの連絡がありますので、実習担当教員に確認しておきましょう。なかには実習する施設が遠方であるなどの理由から、実習初日にオリエンテーションを実施してくださる施設もあります。

宿泊での実習を予定している場合には、施設の実習担当職員に持ち物の確認を必ずしましょう。実習（勤務時間中）に必要なものだけでなく、宿泊（勤務時間外）に必要なものがあります。付録の「持ち物チェックリスト」も参考にしてください（173ページ）。勤務時間外の食事を自分で準備する場合には、近所に利用できるお店があるか、どのようなタイミングで買い物に出かけてよいかなどを確認しておきましょう。

②観察実習

さあ、いよいよ実習が始まります。実習が始まって数日間は、観察を中心とした実習です。まずは、施設職員とのコミュニケーションを通じて、その場の雰囲気に慣れながら、実習に対する不安をやわらげましょう。24時間体制の施設では、職員の交代勤務によって実習担当職員から直接指導を受けられる機会は限られます。施設によっては、実習担当職員とは別に、一日ごとに実習生の指導にあたる職員を決め、その日の振り返りまでをサポートしてもらえます。はじめての施設実習なので、不安を感じるのは当然のことです。同時に、施設の子どもたちもはじめて出会う実習生に不安や警戒心をもっていることがあります。自分の気持ちとすなおに向き合って、職員とのコミュニケーションを重ねながら一つずつ課題を解決していきましょう。

観察実習期間に、保育士の職務内容を理解し、多職種との連携がどのようになされているかを観察しましょう。同時に、実習で関わる子どもに関する説明を受け、関係づくりに努めます。他

者からの介入を拒む姿の見られる子どもに対しても消極的にならないよう、職員がどのように関わっているかをよく観察しましょう。

　施設の一日の流れ、1週間の流れなどのスケジュールを理解しましょう。日誌のまとめ方についても指導を受け、観察の視点や支援に対する職員の意図などを細かく聞いておくとよいでしょう。

③参加実習

　日常活動に積極的に参加し、利用者との関係づくりを深めるとともに、保育士の職務を補助的に行います。この頃には施設での生活や人間関係にも慣れ、少しずつ実習に対する充実感や達成感が感じられるようになります。緊張がほぐれることによって視野が広がってきますので、対象者のちょっとしたサインなどにも気がつくようになります。言葉のコミュニケーションだけでなく、非言語的なコミュニケーションの大切さを知り、スキルアップを目指しましょう。

　多職種間の連携について、理解を深めましょう。一見、どの職員も同じような仕事に従事しているように見えるかもしれませんが、専門職ごとに支援の観点や手順が異なります。観察だけでは十分に理解できない点もありますので、職員に対して具体的に質問しながら理解するよう心がけましょう。

　実習後半の指導実習に向けて、具体的な準備を進めるのもこの頃です。対象者を選定し、どの場面でどのように実施するかについて実習担当職員から十分に指導を受けてください。

④責任実習

　責任実習では、実習生が保育士の主たる役割を担って一部の職務にあたります。施設によって進め方が大きく異なりますので、実習担当職員の指示に基づき、施設での生活の流れを損なわないようにしましょう。

　乳児院や児童養護施設では、子どもの寝かしつけや食事場面での指導など生活の一部分を取りあげて、支援方法を検討し、実施されることが多いです。

　障害児（者）の入所施設では、余暇活動の一部で指導実習を行う場合があります。リズム表現などの音楽的要素を含んだ活動や静かに自分のペースで取り組む創作的活動などは、比較的好まれます。このとき、対象者の年齢に沿った題材を用いることが大切です。とくに、成人の施設では、年代によって好まれる音楽や知っている歌が異なりますので配慮が必要です。

　障害児者の通所施設や児童心理治療施設・児童自立支援施設は、施設の機能・役割や利用者の特性によって他施設のような指導実習が実施できない場合があります。その場合には、参加実習を通して支援方法のスキルアップを目指したり、施設の社会的役割について考察を深めるとよいでしょう。

⑤反省会・その他

　反省会は、一日ごとの反省会と実習全体を通した反省会があります。どのように設定されるかは実習施設ごとに異なりますので、オリエンテーションのとき、または実習初日に確認しましょう。

反省会では、利用者の特性に関すること、事例ごとの支援方法の内容や意図の確認、日中のスケジュールの配慮点などを振り返り、指導を受けましょう。実習のなかで、とくに印象に残った事例があった場合には、どのような点で印象に残ったかを職員に伝えることで、子どもの特性や支援方法について理解を一層深めたり、施設の社会的役割に気づくきっかけになったりします。一日ごとに反省会が設定されている場合には、翌日の実習の目標・ねらいについても指導を受けるとよいでしょう。

　宿泊を伴う実習の場合には、実習最終日に宿泊室の片づけや清掃を行いましょう。また、宿泊費や食費の清算も行います。領収書の取り扱いなどは、養成校の指示に従ってください。

　最終日の日誌も忘れずに提出しましょう。実習後、実習評価表を養成校に郵送していただきますが、施設実習の場合には、その際に日誌や勤務簿などもあわせて送っていただく場合があります。養成校宛の封筒に何を入れていただくかは、養成校の指示に従います。あらかじめ確認しておくことが大切です。

（2）実習の実際

　前項の「実習の流れ」に基づき、実習の実際を実習生の視点で見ていきましょう。

①事前オリエンテーション

　施設までのアクセス方法は事前に調べてあったけれど、施設の看板があるわけでもないし、やっぱり迷ってしまった。早めに家を出ておいてよかった。施設って、どんな雰囲気なのかわからなくて緊張していたけれど、実習担当の先生が実習のスケジュールやポイントをとてもていねいに説明してくださり、見通しがもてた。宿泊を伴う実習は、旅行のように持ち物が多くておどろいた。

　同じ施設で実習する学生は結構いるみたいだけど、保育士資格のための実習だけじゃなくて、いろいろな資格取得を目指した実習生がいるんだな。よし、私も実習がんばるぞ。

②観察実習

　事前に聞いていたけれど、保育所の一日の流れとは随分と違うんだな。施設で生活する子どもたち（利用者の方々）に、私は受け入れてもらえるだろうか。でも、そんな私の気持ちを察するかのように、職員さんたちが温かいアドバイスをくださる。

　施設では、多職種が連携していると聞いていたけれど、実際にどの職員さんがどんな専門職なんだろうか。子ども（利用者の方）への関わり方を観察しながら学んでいこう。それにしても、子どものいない時間にも洗濯や掃除など、たくさんの仕事があるんだな。日頃から、もっと家事をしておけばよかった。

③参加実習

昨日までの観察実習の経験を踏まえて、今日からは私なりに子どもたちに関わってみよう。挨拶をしても、まだ返事が返ってこなかったり、目を合わせてもらえないこともあるけれど、めげずにがんばろう。……と思ったけれど、やっぱり難しいな。朝、子どもを起こしたり、学校から帰ってきた子どもと宿題をしたり、職員さんだとスムーズに進むことが、私だとなかなか進まない。どうしてだろう。今日の反省会で、職員さんから指導を受けてみよう。

職員さんは、子どもの細かな気持ちの変化にもていねいに向き合っているんだな。交代勤務のなかで支援に必要な情報が途切れないように、子どもだけではなく、職員さんとも今まで以上に意識的なコミュニケーションを取るよう心がけよう。

④責任実習

責任実習は、施設によって進め方が違うって大学の授業で勉強したな。ほかの友達が実習している施設では、どんな様子だろう。私は実習初日に実習担当の先生と相談をして、内容を決めた。その後、指導を受けながら責任実習の計画を立てているけれど、施設は交代勤務だから実習担当の先生と会えない日もある。指導を受ける時間を確保するための工夫や努力が必要だ。

実際の責任実習を進めるうえでは、子どもの日常生活の流れや雰囲気を壊さないように配慮した。お楽しみ会のようなものではなく、毎日の生活の一部分を切り取って、子どもと心の交流が持てるよう心がけた。

⑤反省会

毎日というわけにはいかないけれど、実習時間の終わりには、その日に実習をさせていただいたユニットの職員さんとの反省会に参加した。子どもたちがいる前ではなかなか話しづらいことも、この時間があることで、さまざまな疑問を解決することができた。

実習生の私に対して拒否的な態度に見える子どももいて、どのように接したらよいのかとまどっていたのだけれど、私自身の気持ちの問題のような気もして質問しづらかった。でも、その気持ちを職員さんに正直に伝えてみたら、人づき合いに対して慎重だという対象児の性質やそんな子どもへの支援方法などを具体的に教えてくださった。このような反省会があることで、翌日の実習の目標を整理することができた。

実習最終日には、実習期間全体に対する反省会が開かれた。実習初日にはあんなに不安だったのに、いつの間にかすっかり前向きな気持ちで実習に取り組めるようになっていた。そんな気持ちの変化は、保育所実習とは違う環境のなかで、自分自身の視野の広がりが大きく影響しているように思う。職員さんの方々にはもちろん、見ず知らずの私を生活の一部として受け入れてくれた子どもたちには感謝の気持ちでいっぱいだ。

3. 施設別の特徴と実習のポイント

(1) 乳児院・児童養護施設の特徴と実習のポイント

①施設の役割と機能を知る

　乳児院や児童養護施設は、さまざまな理由により、保護者の養育を受けられない子どもや保護者による監護が適当でない子どもを入所させ、養育する施設です。また、退所後の生活を支えるアフターケアの役割も担います。実習では、おもに養育を通じて、施設の役割や子どもへの理解を深めます。養育方針は、施設の理念によってさまざまです。実習が始まるまでに施設の概要を整理し、施設理念が実際の支援のなかで、どのように実現されているかを学ぶとよいでしょう。

②子ども理解を深める

　施設で生活をする子どもは、子ども自身の意思とは関係なく、施設での生活をスタートさせています。また、その施設を子ども自身が選んで入所しているわけでもありません。そのようななかで、子どもたちは、一緒に生活する大人や子ども、そして新たにスタートすることになった幼稚園や学校での生活に適応するために努力している最中です。自分に関わる大人がどんな人なのかを知るために「お試し行動」が見られる場合もありますが、子どもの置かれている状況を理解し、寄り添う姿勢を示し続けましょう。

　児童養護施設では、幼児から高校生までの幅広い年齢層の子どもたちが生活しています。思春期の子どものなかには、今の自分の生活に精一杯で、実習生のような新しい大人との関係づくりには消極的な子どももいます。「おはよう」や「おかえり」などの日常的な声かけを続けながら、子どもの年齢や発達に応じた関わり方を学びましょう（図表 6-1）。

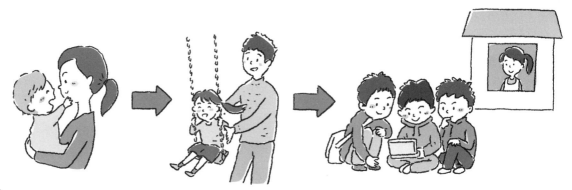

①**乳児期**：
スキンシップが多く
個別の関わりが中心
な時期

②**幼児期**：
身近な大人との関わりのなかで
興味・関心を広げたり情動のコ
ントロールを学ぶ時期

③**学齢期**：
子ども同士の関係を深めながら
集団のルールを学ぶ時期。大人
との関わりは対面的なものから
心理的なものへ変化。

図表 6-1　子どもの発達段階に応じた大人との関わり

③養護内容・生活環境を知る

　施設で生活する子どもの生活を支えるために、乳児院や児童養護施設にはさまざまな専門職が働いています。そのなかで保育士は、保護者に代わって子どもを養育する中心的な役割を担っています。交代制の勤務のなかで、子どもの様子をほかの職員と共有しながら、子どもが安心して生活できる工夫をしています。子どもの様子で気がついたことがあれば職員に伝えるなど、積極的なコミュニケーションに努めましょう。

　施設実習が子どもの長期休暇と重ならなければ、平日、子どもたちは幼稚園や学校へ行きます。その間、施設職員はケースカンファレンス（会議）に出席したり、洗濯や掃除などの家事、事務作業に従事することになります。ときには休憩を取る場合もありますので、時間を守って自己管理に努めましょう。

（2）障害児入所施設・児童発達支援センターの特徴と実習のポイント

①施設の役割と機能を知る

　障害のある子どもが利用する施設には、いくつかの種類があります。施設によって役割や機能が異なりますので、事前学習のなかでしっかり整理しておきましょう

　障害児入所施設は、さまざまな理由から入所した子どもがいることに留意してください。「令和2年度全国知的障害児入所施設実態調査報告」によると、家族の状況などから生じる入所理由としては「保護者の養育能力不足」や「虐待・養育放棄」が高い割合であり、本人の状況等の場合には「ADL※注1・生活習慣の確立」や「行動上の課題改善」という療育目的での入所が多いことがわかります。これに対して、障害児通所施設のおもな利用目的は療育です。施設利用に至る理由を知っておくことは、その施設で保育士にどのような役割が求められているかを知るヒントになります。

　障害がある子どものなかには、痰の吸引や胃ろうなど、日常的に医療的ケアが必要な子どもがいます。そのような子どもは、医療型の施設を利用します。福祉型施設を利用する障害児の場合には、日常的な医療的ケアの必要はありません。子どもの支援にあたる専門職は、保育士のほかに看護師や言語療法士、理学療法士、作業療法士など多岐にわたります。保育士ならではの支援がある一方で、医療的ケアなど保育士では携われない行為もありますので、オリエンテーションの際などに確認しておくとよいでしょう。

※注1）ADL とは、Activities of Daily living の略で、日常生活動作と略されます。日常生活を送るために最低限必要な動作で、移動や食事、排せつや入浴などに関わる動作を指します。

②子ども理解を深める

　障害のある子どもの発達は、実に多様です。知的発達の個人差、社会性の発達の個人差、運動

発達の個人差はもちろん、成育歴や経験不足から生じる個人差などもあります。さらには、その子どもを養育する家族の考え方や態度などからも大きく影響を受けています。障害特性を知るだけでなく、一人ひとりを十分に観察しながら理解を深めましょう。

障害児によく見られる行動のひとつに、こだわり行動があります。こだわり行動の例として、手順へのこだわり、物の配置に対するこだわりなどがあります（図表6-2）。こだわり行動は、楽しみとして行う場合と不安の表れとして行う場合がありので、その場の状況と照らし合わせて考えたり、施設職員の意見や指示を聞いて対応しましょう。不安の表れとしてこだわり行動を示す場合には、

図表6-2　こだわり行動の例
——入室する際に玄関ポーチを必ず周回するなど、人によってさまざまな儀式的行動があります。

むやみにやめさせるとパニックにつながることがあるので注意しましょう。

重度の障害がある場合には、言葉でのコミュニケーションが難しいことがあります。その際、子どもによって、絵カードや写真カード、サイン言語を用いたり、VOCA（ボタンを押すと「お茶をください」などの音声出力がなされる機器）を利用したりするなど、さまざまなコミュニケーション手段が考えられます。これらのツールをじょうずに活用しながら、子ども自身の伝えたい思いを見逃さないようにしましょう。瞬きや視線が大事なコミュニケーション手段である場合もあります。

③養護内容・生活環境を知る

入所施設の場合には、児童養護施設と共通する部分が多くあります。平日であれば、朝は登校時間に間に合うように起こし、朝食を済ませ、学校へ送り出します。その後、会議に参加したり家事や事務作業などに従事したり、休憩を取ります。

障害児施設は、療育機能を備えているので、ADLやコミュニケーションのスキルを向上させるための支援が欠かせません。障害児支援に関する基礎的な知識を整理したうえで、実習にのぞむことが大切です。また、ひと口に障害児といっても、一人ひとりの発達や障害特性に応じた支援が個別に提供されています。子どもに対する具体的な支援方法については、実習で配属されたユニットやクラスの担当職員から指示を受けるとよいでしょう。

障害のある子どものなかには、言葉の（聴覚的な）

図表6-3　障害児のための視覚支援の例
——スケジュール表

情報に比べて、視覚的な情報のほうが理解しやすいという子がいます（図表 6-3）。そのため、施設のなかには、一日のスケジュールや着替えの手順などが写真や絵で示されていたり、トイレの床にスリッパの揃え方や待っている場所の表示などがあったりします。このような視覚支援は、子どもたちが円滑に生活を送るための大事なツールですので、うっかりその前に立ちふさがったりすることのないように周囲に目を配りましょう。

（3）児童心理治療施設・児童自立支援施設の特徴と実習のポイント

①施設の役割と機能を知る

どちらの施設も、利用する子どもは複雑な家庭環境のなかで生活をしてきた経緯があったり、学校や地域のなかで強い生きづらさを抱えていたりするケースです。

支援する職員は、医師や心理職、ケアワーカーなど、さまざまな専門職から構成されています。運営には創設者などの経営理念が深く関わっていることも多いので、事前学習の際に施設の沿革などを整理しておくとよいでしょう。また、施設を利用する子どものなかには、発達障害のある事例も少なくありません。実習を適切に進めるためには、基礎知識の再整理が欠かせません。

②子ども理解を深める

実習生は、おもに入所する子どもと関わることになりますが、その成育歴は実に複雑です。子どもとの日々の関わりのなかだけでは、十分にうかがい知れない部分がありますので、担当職員に質問するなどして積極的な子ども理解に努めましょう。

施設内の子ども同士の人間関係についても、よく観察することが必要です。なかには家庭や社会のなかで子ども自身が受けてきた不適切な関わり方を、施設内の人間関係のなかで再現しようとする子どももいます。一方で、他者の何気ない態度にとても不安を感じる子どももいます。実習する寮やユニットが決まった段階で、子どもに対する具体的な対応方法を確認しておくとよいでしょう。

③養護内容・生活環境を知る

施設で生活する子どもたちは、心地よい満たされた生活経験の乏しい子どもが少なくありません。職員は、子どもの日常生活の世話をするだけでなく、安心できる存在あるいは困ったときに頼れる存在として機能する必要があります。生活リズムの崩れ、または心身の健康のバランスの崩れなどから、朝がすっきり起きられないというような子どもに対し、どのような態度でどのように声かけをするかなど、一つひとつが重要な意味をもちます。

子どもによっては、他者に対して安心感をもつことには時間がかかりますが、不信感をもつのは早いという場合があります。生活上のルールや環境づくりなど、子どもの安心・安全を意識化させる工夫がどのようになされているのかを具体的に学びましょう。

児童自立支援施設ならではの特徴的な支援体制として、夫婦制があります。家庭の温かみを重視した支援体制であり、実習生はそれぞれの施設における支援方針や意図について理解を深めましょう。大人の存在が脅威であったり、大人の顔色をうかがいながら生活してきた子どもたちが

多いので、ほっと安心できる時間や関係づくりを大切にしています。実習生だからといって気負って関わろうとせず、まずは家族のような施設の人間関係に仲間入りさせていただくこと、施設の生活を新たに学ぶ一人の人間として誠実さを忘れずに接することが求められます。

(4) 障害者支援施設・指定障害福祉サービス事業所の特徴と実習のポイント

①施設の役割と機能を知る

　障害者支援施設のような入所型の施設は、障害の程度が中～重度の方が多く利用されており、ADL に関する支援は欠かせません。食事や排せつ、入浴に関わる支援などが求められます。その一方で、健康の維持あるいは余暇支援として、創作的活動や生産活動、外出の支援などがあります。これらの活動は、QOL の向上と密接に関わっています。障害者施設で働く専門職には、社会福祉士や介護福祉士、看護師などがいますが、そのなかで保育士がどのような職務を担っているかを知ることが大切です。

　入所理由には、保護者の高齢化または病気・怪我などの理由から家庭での介護が困難となったケースやご本人の行動上の課題の重度化により家庭での対応が困難となったケース、虐待などがあります。施設においては、一人ひとりの背景や状態に応じてケアプランが作成されていますので、担当するユニットが決まったらそれぞれの支援方針や配慮事項を確認しておくとよいでしょう。

　通所型の指定障害福祉サービス事業所の役割や機能は、多岐にわたります。生活介護を目的とした施設では、入所施設と同様に、食事や入浴の支援をしたり、創作的活動や生産活動の機会の提供を行います。一方で、就労支援施設では、仕事に就くことを目標に、必要な知識や能力の向上にむけた訓練を目的とします。施設の機能によって日中活動のねらいや内容が大きく異なりますので、実習を通して理解を深めましょう。

②利用者への理解を深める

　一般的に、障害者入所施設では利用者の高齢化が進んでいます。なかには平均年齢が 50～60 代というところもあります。年代によって余暇の過ごし方などが変わりますので、オリエンテーションの際に入所者のおおよその年齢層を聞いておくと、活動のイメージがふくらみます。

　障害者施設の利用可能年齢は、18 歳以上です。そのため、実習で関わる障害者のほとんどは、実習生の皆さんよりも年上です。障害者という意識にとらわれず、一人の大人として関わる態度、年配の人を敬う態度を忘れずに接することを心がけてください。

③養護内容・生活環境を知る

　障害者支援施設では、食事や入浴のほかに、創作的活動や生産活動に従事します。創作的活動では、絵を描いたり、陶芸作品をつくるなど、施設や参加者の構成メンバーによってさまざまです。生産活動では、畑で花や野菜を育てたり、施設で染めた布などを用いて小物をつくるなどの活動があります。一方で、自分のペースでのんびり過ごしたいという方もいらっしゃいます。一人ひとりの意思を尊重した関わりが大切です。

指定障害福祉サービス事業所は、アルミ缶潰しなどのリサイクル活動や、卓上カレンダーのパッキングなどのような生産活動に従事します。通所する方の特性や興味・関心などによって、いくつかの作業グループが構成されていることが多いです。作業スペースの工夫やペース配分など観察の視点が豊富にありますので、日々の実習を通して理解を深めていくとよいでしょう。

【参考文献】
・公益財団法人日本知的障害者福祉協会児童発達支援部会「令和2年度全国知的障害児入所施設実態調査報告」2021
・厚生労働省雇用均等・児童家庭局家庭福祉課「情緒障害児短期治療施設（児童心理治療施設）運営ハンドブック」2014
・厚生労働省雇用均等・児童家庭局家庭福祉課「児童自立支援施設運営ハンドブック」2014
・小舘静枝・小林育子・漁田俊子他　『改訂　施設実習マニュアル–施設実習の理解と実践』萌文書林、2009
・全国児童養護施設協議会福祉部「もっと、もっと知ってほしい　児童養護施設」2021
・全国児童養護施設協議会福祉部「もっと、もっと知ってほしい　児童養護施設のお仕事」2019

第7章

幼稚園とは

＜本章で学ぶこと＞

・幼稚園はどのような幼児教育施設なのか、目的や概要について学びます。

・幼稚園教員として就職するために必要な事柄について学びます。

・「学校としての幼稚園」とはどのようなものなのか考え、理解を深めます。

1. 幼稚園ってどんなところ？

　本章では、幼稚園がどのような幼児教育施設であるのかについて詳しく知るとともに、幼稚園教員になるために必要な事柄について学びます。そして、義務教育へとつなぐ「学校としての幼稚園」について考え、幼稚園における保育・教育について理解を深めます。まず、幼稚園の一日の生活を少し見てみましょう。

①自由遊びを中心にしているA幼稚園の一日

　A幼稚園は、農業の盛んな市にある幼稚園です。園庭がゆったりとしていて、木陰も多くある自然豊かな園です。近くに住む子どもだけでなく、市内全域から通園してきているので、スクールバスで通っている子どもがほとんどです。スクールバスを使っていない子どもは、保護者が個別に送り迎えをしています。

　自然が多い園庭を生かし、自然と親しむ自由遊びを中心にした教育方針を立てています。園庭に畑があり、動物も飼われています。子どもたちは当番活動で作物と動物の世話をしています。

図表7-1　A幼稚園の一日（例）

8：45	生活活動	登園・身支度
	自由遊び	園庭・教室で遊ぶ
9：30	生活活動	朝の会・当番活動・排泄
	自由遊び	園庭・教室で遊ぶ
11：20	一斉遊び	音楽遊び・運動遊び
11：40	生活活動	排泄・手洗い・食事の準備
12：00	生活活動	昼食
12：45	自由遊び	静かな室内遊び・午睡
13：30	生活活動	排泄・帰りの支度
13：45	一斉遊び	絵本の読み聞かせ
14：00	生活活動	帰りの会・降園

広いホールを使って、運動遊びや音楽遊びも週に2回程度取り入れています。

預かり保育も行っていて、自然のなかでのびのびと遊ぶことができます。

②一斉活動を中心にしているB幼稚園の一日

B幼稚園は、幼稚園教諭や保育
士養成を行っている大学の付属幼
稚園です。都市部にあり、まわり
は商業地で、商業ビルや大型マン
ションが多い地域です。大学から
も近く、また同じ大学の付属小学
校が隣接しています。スクールバ
スがないので、保護者は個別に送
り迎えをしています。

少人数教育を行っており、専門
の先生による英語やダンスといっ
た指導が受けられる特色がありま
す。また、預かり保育の時間にも
専門の先生によるさまざまな指導
が受けられます。

図表7-2 B幼稚園の一日（例）

9：00	生活活動	登園・身支度・朝の会・体操
9：30	自由遊び	園庭・教室で遊ぶ
10：00	一斉遊び	専門の先生による一斉遊び（英語・ダンス・楽器・工作・習字）
11：00	自由遊び	園庭・教室で遊ぶ
11：45	生活活動	排泄・手洗い・食事の準備
12：00	生活活動	昼食
12：45	自由遊び	室内遊び
13：15	一斉遊び	歌・読み聞かせ
13：45	生活活動	排泄・帰りの支度
14：00	生活活動	帰りの会・降園

付属幼稚園なので、大学の教員や学生との関わりも多くあります。また、大学や隣接の小学校
で行われる行事やイベントにも園児が参加し、交流活動が活発に行われています。

ここにあげた2つの園はあくまでも例ですが、幼稚園ごとにさまざまな特色があり、独自の教
育課程による保育を行っています。幼稚園は、学校教育法によるところの学校です。ですから、
学びの場として機能しなければなりません。2つの例からわかるように、幼稚園の生活は、「遊
び」の時間と、「生活活動」の時間で構成されています。

これは、幼稚園教育要領のなかで「幼児期の教育は、生涯にわたる人格形成の基礎を培う重要
なものであり、…（中略）…幼児期の特性を踏まえ、環境を通して行うものであることを基本と
する」と示されており、そのために「幼児の自発的な活動としての遊びは、心身の調和のとれた
発達の基礎を培う重要な学習であることを考慮して、遊びを通しての指導を中心として」行われ
るようにすることが示されているからです。

子どもたちにとって、「遊び」「生活活動」の
どちらの時間も、成長に欠かすことのできない
大切な学びの時間であり、幼稚園での生活は、
子どもにとってすべてが学習機会になっている
のです。

2. 幼稚園の先生として働くには

(1) 幼稚園は「学校」の一つ

　幼稚園は現代の日本においては、「学校」として定められています。幼稚園は、学校教育法第1条に規定される学校（一般的に1条校と呼ばれます）の一つであり、文部科学省の幼児教育課が管轄しています。簡単に言うと、幼稚園は子育て・育児サービスなのではなく、幼児教育から高等教育（大学・大学院）までの教育体系に組み込まれている正規の「学校」です。ですから、幼稚園教員として働くためには、学校教育法に基づき、幼稚園教諭普通免許状もしくは臨時免許状を有していなければなりません。幼稚園教諭普通免許状を取得するためには、養成機関で学び、必要な単位を取得することになります。

　ちなみに、子ども・子育て関連の政策については、2023（令和5）年4月に創設されたこども家庭庁と文部科学省とが連携・協議をしていくことになりました。ほかの章で詳しく説明されますが、保育所はこども家庭庁の管轄であり、児童福祉施設の一つです。保育士として働くためには、名称独占の国家資格のため、保育士資格を有し、保育士登録をしていなければなりません。また認定こども園もこども家庭庁の管轄です。認定こども園で働くためには、幼稚園と保育所の両方の機能をあわせもつ施設のため、幼稚園教諭普通免許状と保育士資格の両方をもつこと（＝保育教諭であること）が原則となります。

　特別支援学校には、幼稚園課程にあたる「幼稚部」が置かれているところもあり、障害に合わせた、きめ細やかな保育が受けられるようになっています。特別支援学校幼稚部の教員は、幼稚園教諭普通免許状とともに、特別支援学校教諭普通免許状をもつことが原則となります（教育職員免許法第3条）。ですが現状では、必ずしも特別支援学校教諭普通免許状がなくても採用されることもあります（教育職員免許法附則第16項）。また、一般の幼稚園でも、障害のある児童を受け入れているところも多くあります。

(2) 幼稚園の先生として就職するには

　幼稚園の先生として働くためには、幼稚園教諭の教育職員免許状が必要になります。基本的には、教育職員免許法にのっとり、教職課程のある養成機関で幼稚園教諭普通免許状を取得することになります。幼稚園教諭普通免許状には専修、一種、二種の区分があり、各都道府県教育委員会が授与します。普通免許状は、どの都道府県が授与した免許状でも、全国で効力があります。

　就職活動は、公立幼稚園と私立幼稚園とで大き

く変わってきます。公立幼稚園の場合は、多くの場合、設置している自治体、地方公共団体が行う公務員採用試験を受験することになります。自治体によっては、幼稚園教諭だけでの採用をしておらず、保育教諭の採用しか行っていない、もしくは保育士の採用しか行っていない、という場合もあります。採用されると、その自治体が設置している幼稚園間で、転勤が生じることがほとんどです。

　私立幼稚園の場合は、設置法人ごとに方法や条件が異なります。園ごとの採用の場合は、その園にずっと勤務することになります。設置法人での採用の場合は、その法人が設置している系列園への転勤がある場合もあります。

3. 幼稚園ってどんな施設？

(1) 設置の目的と教育課程

　幼稚園の設置の目的は、学校教育法第22条に、「義務教育及びその後の教育の基礎を培うものとして、幼児を保育し、幼児の健やかな成長のために適当な環境を与えて、その心身の発達を助長することを目的とする」と示されています。そして、各幼稚園は文部科学省が告示する「幼稚園教育要領」を基準として、教育課程を編成し、保育を行います。

　それだけではなく、保護者や地域の子育てや幼児教育の支援に努めることも、幼稚園に求められている役割の一つです。

　幼稚園での教育は、1年間のうち、原則39週以上行われることが定められています（学校教育法施行規則第37条及び幼稚園教育要領）。また、一日の教育時間は4時間を標準時間とすると示されています（幼稚園教育要領）。また、多くの園では、希望者に対して預かり保育を行っています。また、昼食や午睡に関しても、園によって対応が異なります。

　保育所と違い、幼稚園では原則として土曜日に保育を行いません（学校教育法施行規則第61条の2）。これもあくまで原則であり、たとえば運動会や発表会を土曜日に行ったりする場合もあります。

(2) 幼稚園の設置者と在園者数

　幼稚園の設置者は、国（国立幼稚園）、都道府県や市町村（公立幼稚園）のほか、学校法人、宗教法人、個人など（私立幼稚園）です。私立幼稚園のうち約9割が学校法人立です。

　私立幼稚園の場合、「私立学校法」にのっとって、おのおのの法人の自主性に基づいた教育が行われています。園ごとに教育内容や教育方法もさまざまですが、「幼稚園教育要領」が基準となることには変わりありません。

　文部科学省「令和5年度学校基本調査（速報値）」によると、2023（令和5）年5月1日現在、全国で約8,800園の幼稚園が設置されており、84万人以上の幼児が在園しています。ちなみに、園児の数は1978年の249万8千人を最高に、減少を続けています。

図表 7-3　幼稚園学校数・在学者数・本務教員数

幼稚園数（園）	合計	8.837
	国立	49
	公立	2,744
	私立	6,044
園児数（人）	合計	841,795
	3 歳児	247,094
	4 歳児	281,131
	5 歳児	313,570
本務教員数（人）	合計	85,421

（文部科学省「令和 5 年度学校基本調査（速報値）」より筆者作成）

（3）入園できる児童

　幼稚園に入園することのできる者は、「満三歳から、小学校就学の始期に達するまでの幼児」となっています（学校教育法第 26 条）。また、「学級は、学年の初めの日の前日において同じ年齢にある幼児で編制することを原則とする」となっており、学年はその年の 4 月 1 日から翌年の 3 月 31 日まで（学校年度）に達する満年齢で決まります（幼稚園設置基準第 4 条）。

　もう少し詳しく説明すると、その年の 4 月 2 日から翌年 4 月 1 日までに 4 歳の誕生日を迎える児童が年少クラス（3 歳児クラス）、5 歳の誕生日を迎える児童が年中クラス（4 歳児クラス）、6 歳の誕生日を迎える児童が年長クラス（5 歳児クラス）になります。ですから、幼稚園に通っている児童は、3 歳から 6 歳までの子どもたちになります。幼稚園によっては、子育ての支援な

図表 7-4　幼稚園の概要

施設の種類と根拠法	学校教育法第 1 条に規定される学校
管轄	文部科学省
設置の目的	学校教育法第 22 条 　幼稚園は、義務教育及びその後の教育の基礎を培うものとして、幼児を保育し、幼児の健やかな成長のために適当な環境を与えて、その心身の発達を助長することを目的とする。
教育課程編成の基準	幼稚園教育要領（文部科学省告示）
保育者の資格要件	幼稚園教諭普通免許状（教育職員免許法）
対象児童	学校教育法第 26 条 　満三歳から、小学校就学の始期に達するまでの幼児
教育時間	幼稚園教育要領 　各学年の教育週数は、39 週を下ってはならない。 　1 日の教育時間は、4 時間を標準とする。

どにおける特例で2歳から入園を許可している場合や、就学猶予などにより、学齢に達していても引き続き幼稚園へ通うケースもあります。

　幼稚園は学校の一種ですが、義務教育ではないため、入園するかどうかは自由です。保育所や認定こども園に入園する乳幼児も多くいますし、認可外の乳幼児向け保育サービスなどを受けている場合もあります。ごく少数ながら、幼児教育や保育の場をまったく経験しないまま、小学校に就学する児童もいます。

　幼稚園へ入園する児童は、全員が満3歳からの3年保育を受けるわけではありません。公立の幼稚園では、満4歳からの2年保育での受け入れも多く行われています。また、途中で保育所に移ったり、保育所から移ってきたりする児童もいます。なかには、就学前の1年間のみ幼稚園へ入園する児童もいます。

(4) 幼稚園設置基準について

　幼稚園の設置基準は「学校教育法施行規則」および「幼稚園設置基準」に定められています。この設置基準は、幼稚園を設置するのに必要な最低の基準を示すものになります。ですので、この設置基準を満たすことにより、幼稚園が学校としての機能を有しているという一定水準の保証がなされています。

　また幼稚園は義務教育ではないため、設置者は自由に教育課程を編成し、特色あるカリキュラムによる保育を行うことが可能です。特色あるカリキュラムをおのおのの園が行うと、保育の質にばらつきが出てしまいそうですが、認可幼稚園の場合、「幼稚園教育要領」を教育課程編成の基準とすることで、教育の一定水準の保証がなされています。

　ここからは、「幼稚園設置基準」に基づいて、概要を説明します。ここで第○条とあるものは、すべて幼稚園設置基準の条文を示しています。

　幼稚園は、同年齢の幼児で構成された学級によって、教育が行われます（第4条）。1学級は、35人以下が原則になります（第3条）。1学級につき1人の専任教諭（担任）を置かなければなりません（第5条）。

　園として置くことが必要な教職員は、担任の教諭以外に、園長です。その他、置くように努めなければならない教職員は、養護をつかさどる教諭（養護教諭や養護助教諭）と事務職員です。一方、教頭も多くの幼稚園に置かれていますが、例外的に置かないことができます（第5条）。

　園舎については、2階建以下が原則となります。特別の事情がある場合は、3階建にできますが、その場合、子どもの安全を最優先に考慮した基準が定められています。園庭や運動場は、同じ敷地内か、隣接する位置に設けることを原則とされています（第8条）。

　園舎に設置しなければならない設備は、職員室、保育室、遊戯室、保健室、便所、飲料水用設備、手洗用設備、足洗用設備です。保育室と遊戯室、職員室と保健室は、特別な事情がある場合は兼用にすることができます（第9条）。また、教育上、保健衛生上及び安全上必要な種類及び数の園具及び教具を備えなければならない、とされています（第10条）。

図表 7-5　幼稚園設置基準の概要

職員配置基準	第5条 ○置かなければならない職員 　・園長 　・教諭 ○例外的に置かないことができる職員 　・教頭 ○置くように努める職員 　・養護教諭または養護助教諭 　・事務職員
学級編成	第4条 　学級は、学年の初めの日の前日において同じ年齢にある幼児で編制することを原則。
1学級の人数	第3条 　1学級は、35人以下が原則。 第5条 　1学級につき1人の専任教諭（担任）を置かなければならない。
園舎と園庭	第8条 　園舎は2階建以下が原則。特別の事情がある場合は、3階建にできる基準がある。 　園庭や運動場は、同一の敷地内または隣接する位置に設置。
設置しなければならない設備	第9条 　・職員室　・保育室　・遊戯室　・保健室　・便所 　・飲料水用設備、手洗用設備、足洗用設備 　※保育室と遊戯室、職員室と保健室は、特別な事情がある場合は兼用にできる。 第10条 　教育上、保健衛生上および安全上必要な種類および数の園具および教具。

4. 幼稚園の役割とは？

　幼稚園の役割とは、何でしょうか。家庭と幼稚園の保育は、何が違うのでしょうか。

　2017（平成29）年に「幼稚園教育要領」「保育所保育指針」「幼保連携型認定こども園教育・保育要領」が改訂（定）され、2018（平成30）年から施行されました。この同時改訂（定）では、「環境を通して」「遊びを通しての指導を中心として、ねらいが総合的に達成されるようにすること」は変わりませんでしたが、幼児教育が幼児期のみで完結するのではなく、小学校教育だけでなく、その先の学校教育まで連続したなかでの一部分として位置づけられました。そして、幼児教育で育みたい資質・能力が明確化されました。

　また、幼稚園の修了時までに育ってほしい具体的な姿を、「幼児期の終わりまでに育ってほしい姿」として具体的に10の姿を示し、その「姿」を小学校教育と共有することにより、幼小接続の推進を図っていくことになりました。さらに、子ども一人ひとりのよさや可能性を把握し、幼児理解に基づいた評価の実施について明記されました。

これらは、小学校教育の先取り学習をするということではありません。また「幼児期の終わりまでに育ってほしい姿」も、そのように育てるという達成目標ではありません。あくまでも、育ってほしい力である資質・能力を、育ってほしい10の姿の方向へ向けて、毎日の保育を行い、小学校教育へと連続させて育ちを支えようという指針なのです。評価に関しても、日々の記録や実践を見える形で残し、保護者や小学校と共有することで、幼稚園と家庭とが一体となって子どもと関わり、小学校へとスムーズに接続できるよう、活用していくことが示されたのです。幼稚園での保育は、子どもたちの、生きる力と学びの基盤を育む場として機能するため、子どもたちをしっかり見すえて、育ちを確認し保育を行っていくことが、これまで以上に求められたのだといえます。

　たとえば、同じ遊びに熱中する子どもがよくいます。見ていると、その想像の世界に入り込んで、飽きずに繰り返して遊んでいたりします。そのような遊びのなかで、その子は、想像力や創造力、集中力といった力が育っているのです。遊具で順番に遊んでいる子たちは、社会性を身につけているだけでなく、順序や回数といった数的理解も深めているのです。絵本に夢中になっている子は、想像力や感性を育てているだけでなく、文字への興味や関心も深めています。

　身支度をしたり、食事をしたり、トイレに行ったり、当番活動をしたりといったこともまた、さまざまな学びと育ちにつながっています。このようなことは、幼稚園だけで育てられるわけではなく、家庭や地域での生活のなかでも育まれていくのです。幼稚園は、地域や保護者への子育て支援も担っています。幼稚園の先生は、子どもの健やかな成長を願い、子どもの最善の利益を考え、毎日の保育を行っていますが、その思いは、同じ園で働いているほかの保育者や、保護者、地域の人々も同じです。幼稚園での保育と家庭での保育は明確に分かれているわけではなく、連続しています。

　一方で、家庭とは環境も構成内容も違う「幼稚園」という社会のなかでの生活でしか学べないこともあります。もちろん、家庭での生活でしか学べないこともたくさんあります。それらの同じ部分や違う部分もしっかり見すえ、幼稚園での保育を日々行っていく必要があります。

　幼稚園教育要領の総則には、「環境を通して行う教育」を基本として、「幼児の主体的な活動を促し、幼児期にふさわしい生活を展開」すると示されています。子どもたちは環境のなかで、遊びを中心として、自分で学び、育っていきます。幼稚園の先生は、その子どもを保育者が先導して育てるのではなく、生活のなかで子どもの育つ力を子ども自身で広げていけるように、見守り、支え、一緒に進んでいく保育を行っていくのです。子どもに同じ目線で関わり、子どもを理解し、子どもの成長を促していく、こんなすてきな場所や仕事はなかなかありません。

【参考文献】
・文部科学省『幼稚園教育要領解説〈平成30年3月〉』フレーベル館、2018
・厚生労働省『保育所保育指針解説〈平成30年3月〉』フレーベル館、2018
・内閣府・文部科学省・厚生労働省『幼保連携型認定こども園教育・保育要領解説〈平成30年3月〉』フレーベル館、2018
・文部科学省「令和5年度学校基本調査（速報値）」2023
https://www.e-stat.go.jp/SG1/estat/NewList.do?tid=000001011528（2023年9月30日閲覧）

Column

子どもに人気の児童文化財あれこれ

　0歳から就学までの子どもたちを長時間保育するにはコツがあるのです。子どもの集中力は、たいへん短いのですが、新しいもの、めずらしいもの、動くもの、不思議なものを見つけると、「おもしろそうだな」と興味をもって見つめて、「ほんとにおもしろい」と判断すれば「それが大好き」ということになり、びっくりするほど長い時間集中して遊ぶことができます。実習でパネルシアターをして好評を得た実習生、絵本・手遊び指遊び・おはなし・紙芝居などのほかに、部活動のクラリネットを吹いて子どもたちの人気者になった実習生もいます。

◉**パネルシアター**：Pペーパーと呼ばれる特殊な紙に、動物や人の絵を描いて切りとってできた絵人形を斜めに立てた画面に乗せながら動かし、歌・踊り・おはなしなど、タイミングよく表現すると、子どもたちは大よろこびです。

　作品やつくり方・演じ方を解説した書籍や、最近は切りとるだけで完成できる作品も販売されていますが、なんといっても長時間かけて自分自身の色合いでつくりあげたものが一番よいです。

　例：いないいないばあ　おはようクレヨン　犬のおまわりさん　カレーライスなど。

◉**絵本**：絵本が大好きという子どもが大勢います。お気に入りの絵本を小脇にかかえて「読んで」と寄ってきたら要望に応えましょう。絵本に親しんでいない子どもの場合には、一日にたびたび実年齢よりも小さい子向けのものに目がふれるようにし、個別に読んであげるといいでしょう。最近は大型絵本やミニ版、長い変型絵本などもありますね。

　絵本を読んであげるときに大事なことは、本来の意味と異なった読み間違えをしないように、事前に読んで内容やいいまわしを確認しておくことです（自分自身の語彙が豊かになるように、日常的に新聞を読むなどしてみることをお勧めします）。

　例：だるまさんが　だるまさんの　だるまさんと　おべんとう　とんことりなど。

◉**手遊び指遊び**：子どもにとって退屈な「待ち時間をつくらない」ために、ちょっとした時間を利用してできるおもしろい手遊びをたくさんストックしておくように普段から備えましょう。「授業で習ったものとは別のもの」を実習先ですると新鮮に受け止めてくれます。歌は楽しく。手先だけ・指先だけでなく全身を使って体操のように動かすと運動にもなり、楽しいです。

　例　こどもとこどもがけんかして　とうさんゆびねんね　かわずの夜まわりなど。

◉**おはなし**：「むかーし　むかし……」と、自分の知っている「桃太郎」や「さるかに合戦」などができたらすばらしいですね。実習に慣れてきたら、身近な生活を題材にして、子どもと一緒に「夢」や「空想」を取り入れた小さな文章をつくり、おはなしとして語っ

てもおもしろいでしょう。ここでは「うそ」も「ほんと」もなく、言葉のおもしろさを感じ、創造力・想像力が育っていきます。子どもの口から出た言葉やフレーズは、たとえ短くてもメモしておきましょう。

◉**紙芝居**：絵本とはまた違った楽しみがあるようで、絵本をじっくりと見られない子どもでも、集中して見ることが多く、子どもたちには大人気です。おはなしの途中で画面を換えるために「紙を引き抜く」という動作の説明が裏面に文字で書かれています。それも読んでしまうという失敗をしやすいので、慣れないと要注意ですが、練習して克服しましょう。舞台（枠）に入れて演ずることにも慣れておくとよいでしょう。
　例：あかちゃんかみしばい　民話　園生活　行事　自然・知識　食育・衛生など。

◉**指人形**：手袋に眼鼻をつける、ソックスに口や耳をつける、長靴下を蛇に見立てるなど、動物のパペットを使うと、子どもたちが親近感をもちニコッとします。腹話術などできると効果的ですが、本格的に声を訓練しなくても普通の声で、動物になりきって会話を楽しむこともおもしろいです。授業で製作した作品は、保育所・幼稚園・福祉施設の実習の場でやってみるという「勇気」を出すことをお勧めします。

◉**腹話術**："奇妙な人形がしゃべる"「なんで？」「ほんとかな？」と子どもがびっくりする保育技術です。日々の生活（手洗いの習慣やけんか）を話題にしたり、入園式やクリスマス会などでは子どもも保護者も楽しめます。とくに自閉的傾向をもった子どもとのおしゃべりは効果的です。人形は人間以上の力をもっているということでしょうか？　ちなみに、筆者の人形の名前は「あいちゃん」です。ときには保育園の職員の結婚式で花嫁をほめたりもします。

　ほかにも「言葉遊び」。たとえば「あのつく言葉なーんだ」とか、「しりとり遊びしよう」とかいいながらできる遊び、つまり遊具や道具を使わないでできる遊びなら簡単にできますし、「影絵」「ペープサート」「自然物の遊び」「手品」のように作品の製作や操作に、時間や高度な技術を必要とする児童文化財も活用できればおもしろいでしょう。
　児童文化財を扱うには、まず「笑顔で子どもたちに近寄る」こと、これが一番大切です。一方で、テレビなどでの人気のキャラクターのまねごとなどを題材としたものは使わないほうがいいです。これから保育の専門性を身につける皆さんですから、日本文化の伝統的なもの、自分の人間性のやさしさが表現できるものを探して取り組みましょう。
　この実習でできることに挑戦すれば、うまくいってもいかなくてもそれを見た子どもたちの表情（笑顔や言葉）から得る学びと、あなた自身のなかに芽生える自信とが、これからの楽しい保育を展開していく指針となることでしょう。

【参考文献】
・田中卓也他編『子ども文化　―明日の保育・教育に生かす』渓水社、2015

第 **8** 章

幼稚園教育実習とは

＜本章での学びの内容＞
- 幼稚園教育実習の目的を理解し、実習に出向く際の心構えを学びます。
- 幼稚園の一日の流れを把握し、実習のポイントを学びます。
- 3〜5 歳児の特徴を学び、年齢別の実習のポイントを学びます。

1. 幼稚園教育実習の目的と心構え

(1) 幼稚園教育実習の目的

　幼稚園は、子どもの心と身体の発達を促すことを目的とした施設です。幼稚園教育実習では、保育者の子どもに対する関わり方や遊び場の環境づくり、安全に対する配慮などを学ぶだけでなく、将来、「どのような保育者になりたいか」を探ることを目的としています。

　皆さんは、幼稚園教育実習に出向くまでに、教育・保育理論や保育に関する技術を学んできたと思います。しかし、理論や技術を学んだからといって、すぐに子どもたちが夢中になれるような保育を実践することはできません。なぜなら、「知識・技能を身につけること」と「身につけた知識・技能を生かすこと」には、大きな差があるからです。

　保育者がどんなにすばらしい知識・技能をもっていても、目の前にいる子どもの興味・関心や発達に合わなければ、子どもが楽しく活動に取り組むことが難しくなります。そのため実習中は、子どもがどのようなことに興味・関心をもっているのか、どのようなことに楽しみや喜びを見いだすのだろうかといった子どもに寄り添う気持ちを最も大切にしてほしいと思います。

(2) 幼稚園教育実習に出向く際の心構え　—実習に対する期待と不安—

　さて、皆さんは、これから幼稚園教育実習に出向くにあたって、どのような気持ちを抱いているでしょうか。子どもたちと一緒に活動ができることを心待ちにしているでしょうか、それとも不安でいっぱいでしょうか。

　筆者は、幼稚園教育実習が始まる 2 週間前の学生に対して、「幼稚園教育実習について思うこ

と」についてインタビューをしてみました。以下は、学生からの回答です。

一番心配なことは、実習園について詳しく知らないため、不安が大きいです。一日の流れはもちろん、どんな子どもたちがいるのか、どんな先生が担当してくださるのかもまだわからない。また、担当の先生との人間関係も大丈夫かなと気になります。子どもたちとは良い関係を築けるだろうと思うけれど、楽しく気負いすぎないで実習を行うためには、先生方や保護者の方との人間関係も重要だと思うので不安が募ります。

現場では、臨機応変に対応できる力が求められると思います。たとえば、急に手遊びや絵本の読み聞かせをしてくださいと先生からいわれた場合、きちんと対応できるかどうか……。そして、指導案を書き、部分実習や半日実習、責任実習をさせていただきますが、それも子どもたちの反応を見ながらうまく進行できるかどうか心配です。

昨年、幼稚園に教育実習の受け入れのお願いに行った際、「10月の季節の歌を練習してレパートリーを増やしておいてね」といわれました。ピアノの練習をしてきましたが、人前で弾くとなると手が震えてピアノが弾けなくなるため、ピアノがうまく弾けるか不安です。また、先生方が忙しそうにしている姿をみているので、現場で質問があったとき、その場で話しかけてもいいのか、今から悩んでしまいます。

　学生から「元気いっぱいの子どもたちと遊べるのは楽しみ！」という言葉も聞かれましたが、実習がうまくできるかどうかといった不安と心配の声も多くありました。園生活の一日の流れがわからないことに対する不安、先生や保護者との人間関係に関する悩み、ピアノや手遊び、絵本の読み聞かせなど、臨機応変に保育活動ができるかどうかといった心配の声です。

　学生とのやり取りを通してわかったことは、「失敗せずに、先生としてうまく保育活動ができるかな？」という気持ちが先立っているということでした。「子どもたちからすれば、実習生も先生の一員」という言葉のプレッシャーもあるのかもしれません。

　しかし、現場で働く先生方も、いきなり子どもをひきつける話し方や保育実践ができたわけではありません。「どうすれば子どもが楽しく園生活を送ることができるのかな」と試行錯誤を積み重ねた結果として、子どもが生き生きと遊べる保育実践ができるようになったといえます。「失敗せずに」や「うまくできるかどうか」という不安を感じるよりも、実習生として「何を学ぶか」という目的や課題意識をもって実習に取り組むことが大切です。実習生を担当する保育者からの指導も常に謙虚な気持ちで受けとめ、自分の保育に足りないものに気づき、改善していくという前向きな気持ちをもって実習にあたってください。

1. 幼稚園教育実習の目的と心構え

また、幼稚園教育実習が始まると、実習生活に慣れることや日々の実習記録を書くことだけで精いっぱいとなり、実際のところ保育活動に必要となる情報収集もできません。ピアノが苦手な人は、事前に幼稚園で日常的に弾く曲の楽譜をもらい、早くから練習をしておく必要があります。その他にも、手遊びや絵本、ピアノ、季節に応じた遊びなど、設定保育や責任実習において行う保育活動をある程度想定し、実習中にあわてることがないよう事前に準備をしておきましょう。

2. 幼稚園における園生活の流れと実習の実際

　幼稚園では、幼稚園教育要領をもとに各園が教育課程を編成し、保育活動を行っています。実習前には、事前に実習を受け入れてくれる幼稚園へ出向いて、園長先生や主任教諭から、園の教育理念・方針、クラス数、保育時間、園舎や園庭の様子、各クラスの子どもたちの様子について説明を受けます。聞いた内容はしっかりと実習ノートにメモし、園全体の様子を把握しておきましょう。

(1) 幼稚園における園生活の流れと実習のポイント

　子どもたちは、8時頃から9時頃までに登園します。保育者は7：30には園に出勤し、子どもの遊び場の環境を整えたり、子どもを出迎える準備をします。ここでは、幼稚園における園生活の一日の流れや子どもの主活動を紹介しながら、実習中の学びのポイントについて説明します。

★7：30〜　園内の環境を整える

　子どもたちが登園する前、保育者は子どもが昨日の遊びの続きができるように園内の環境を整えます。園庭の砂場に、スコップやバケツ、型ぬき、プラスチックのお皿やスプーン、フォーク、椅子やテーブルも置いたり、のぼり棒やうんていといった遊具の下にマットを敷いて、子どもたちが安全に遊べるようにしておきます。また、園で育てている草花や野菜を見て、つぼみがふくらんで花が咲きそうな様子や収穫できそうな野菜など、子どもに気づかせたいことを事前に確認します。

実習中の学びの Point

◎ 子どもが登園する前から、すでに保育活動は始まっています。出勤後は、園内環境を整備するため、まずは「何かお手伝いできることはありませんか？」と自分から保育者に積極的に聞きましょう。

◎ 保育者は、昨日の子どもの様子を思い浮かべながら園内環境を整えています。保育者の動きから、遊び場の環境設定の工夫やどのような安全面の配慮があるかを学びましょう。

◎ 園で育てている栽培植物や飼育動物の様子を見て、子どもに気づかせたい変化を確認しておきましょう。

★8：00〜　登園する

　子どもたちは、保護者とともに元気いっぱい登園してきます。保育者には、子どもの様子を見ながら「おはようございます」と笑顔で声をかけ、子どもたちを出迎えます。室内では、子どもがカバンから出席帳を取り出し、日付を確認しながらシールを貼り、タオル掛けにタオルをかけたり、体操服に着替えたりしています。持ち物をロッカーに片づけると、友達と誘い合って園庭に出かけたり、保育室で遊び始めます。

実習中の学びの Point

◎ 登園時、保育者と元気に挨拶をかわす子どももいれば、保護者と離れがたい様子を見せる子どももいます。朝からさまざまな子どもの心身の状態を知ることができるため、登園時は子どもの表情をよく見て挨拶をするように心がけましょう。

◎ 友達と一緒に遊びたいと思う気持ちから、たとえば、体操服に着替え終わった際に、着替え終えた服をたたまずにカバンのなかに押し込んだり、持ち物を所定の場所に置き忘れてしまうこともあるため、その都度、片づけることを気づかせましょう。

◎ 3歳児の場合、出席帳の日付がわからなかったり、体操服に着替える場合も援助が必要となる場合が多いです。自分でするように声をかけながら手助けし、気持ちよく一日をスタートできるように援助しましょう。

★9：00〜10：00　自由遊び

　持ち物の整理ができた子どもから、自分がしたいと思う遊びをし始めます。実習生は、子どもたちから「せんせい、こっちにきて〜」と大人気。次々と子どもたちから遊びに誘われます。園庭では、お団子づくりや大きなスコップで山づくりをする子どもの様子が見られます。保育室では、お店屋さんごっこや積み木、ブロック遊びなどに夢中になっている姿があります。自由遊びの時間が終わりに近づくと、友達と協力して遊びで使った道具をもとの場所に片づけます。

実習中の学びの Point

◎子どもたちとともに遊びの世界を楽しみながらも、園庭や室内で、どのような遊びが展開されているか全体の把握もしましょう。

◎保育者は、子どもの遊びの内容が充実するように、どのような工夫をしているのか、その様子を観察してみましょう。

◎子ども同士のトラブルがあった際、保育者はどのような言葉がけや態度をもって仲裁をしているか学びましょう。

◎片づけられずにいる子どもに対しては、保育者はどのように援助をしているか学びましょう。

★10：00〜　朝の会と当番活動

　遊んだ場所を片づけたあと、子どもたちは、手洗いやトイレを済ませて各保育室に集まります。朝の会では、欠席している友達の確認をしたあと、おはようの歌を歌ったり、朝の遊びのことを子どもたちと話し合います。また、季節に応じた歌や手遊び、絵本の読み聞かせを楽しみます。当番活動を取り入れている園では、実習生も子どもたちと一緒に、小鳥の世話や金魚のエサやり、花の水やりなどをします。

◉ 遊びが終わったあと、手洗いやうがい、トイレに行くという生活習慣を身につけることは大切です。それぞれの子どもができているか、確認をしましょう。

◉ 朝の会では、自由遊びで楽しかったこと、友達のよいところなど、話し合い活動を取り入れている園も多いです。子どもが言葉につまってしまったり、恥ずかしくてモジモジしている際、保育者がどのように言葉を補って援助しているか学びましょう。

◉ 当番活動は、栽培植物への水やり、飼育動物にエサをあげたりすることなどを通して、命を大切にしようとするねらいのある活動です。水をやる、エサを交換するだけでは、単なる作業になってしまうので、子どもたちに植物の成長に気づかせる声かけをしたり、金魚がエサを食べるまで当番の子どもたちと見守るなどの配慮が必要です。

★10：15〜11：30　学級全体の活動

　保育室での活動は、製作活動、お絵かき、楽器遊び、リトミック、簡単なルールのある集団遊びなどがあります。園庭での活動は、かけっこやボール、縄を使った運動遊び、固定遊具での遊びなどがあります。保育者は、その日の活動の「ねらい」を設定して、一人ひとりの子どもの実態に合わせた活動を展開します。実習生は、子どもの様子を見ながら、教材の配付や保育活動の援助をします。活動後は、片づけをしたり、着替えをしたりします。

実習中の学びの Point

◉ 学級全体の活動には、導入、学級全体の活動、片づけの3つの流れがあります。導入時、保育者はどのような話し方の工夫をして、子どもたちの期待と集中力を高めているか観察しましょう。

◉ 学級全体での活動は、「ねらい」をもって行われています。保育者が、なぜその活動を行っているのかについて考えてみましょう。

◉ 活動中、集中して取り組む子どももいれば、少し気がそれてしまっている子どももいます。活動の意欲を高めるために、保育者はどのような声をかけ、援助をしているでしょうか。

◉ 責任実習では、実習生が学級全体の活動を行うことになります。そのため、活動に対する子どもの様子や保育者が行う学級活動の進め方をよく見て学んでおいてください。次は自分が保育活動を進めるという意識をもって、全体の流れをよく把握しておきましょう。

第8章　幼稚園教育実習とは

★ 12：00〜　昼食

　昼食の時間になると、子どもたちが机やいすを運んで、昼食の準備をします。昼食の当番の子ども（お当番さん）は、保育者と一緒に机を拭いたりお茶を運んだりします。ひるごはんの歌を歌ったあと、保育者の合図でみんなが「いただきます」をします。

　子どもたちと一緒に、実習生もごはんを食べます。昼食を食べ終わった子どもは、歯磨きをしたあと、保育室内で絵本を読んだり、製作の続きをしたりして落ち着いて遊びます。全員が食べ終わったあと、ごちそうさまをして、コップや歯ブラシ、タオルなどをカバンに片づけて降園の準備をします。

実習中の学びの Point

- お当番さんの様子や、子どもたち一人ひとりがどのように昼食準備をしているのか観察してみましょう。
- 食事の時間を通して、おはしの使い方や食事のマナーを身につけること、好き嫌いなく食べることの大切さに気づかせる必要があります。食事中、保育者は、子どもたちにどのように接しているでしょうか。
- どんどん食べ進める子どもやお話しに夢中になる子ども、好き嫌いのある子どもなど、保育者がそれぞれにどのような対応しているかを学びましょう。
- 昼食時、早く食べ終わった子どもが時間をもてあまさないように、保育者は居場所づくりをします。食事をしている子どもがいるなかで、走り回っては困りますよね。子どもたちが落ち着いて遊べる環境をどのように整えているか見ておきましょう。

★ 13：30　帰りの会

　帰りの会を始める前、保育者は、子どもたちの忘れ物がないか確認したり、保護者へのお便りを子どもに渡したりします。その後、子どもたちは保育者の前に集まって、手遊びをしたり、絵本を読んでもらったり、今日の遊びで楽しかったことなどのふり返りをします。また、保育者は明日の予定について話すことで、「明日も幼稚園に来たい！」という子どもの期待の気持ちをつくります。

★14：00　降園する

　保育者は、お迎えに来た保護者に対し、今日の子どもの様子や明日の予定を簡潔に伝えます。また、子ども同士のトラブルや怪我があった場合は、保護者に対してていねいに状況を説明します。降園後も、幼稚園バスに乗って帰る子どもや預かり保育で園に残る子どもがいるので、その子どもたちのために、おやつの準備をしたり、遊びの環境をつくったりします。

　幼稚園における保育活動は、たいていの場合、9時から14時ですが、昨今では、共働き世帯が多いことから、預かり保育として16時から18時頃まで実施されている園があります。すべての子どもが降園したあとに、次の日の準備や打ち合わせ、保護者対応、事務処理をするため、遅い場合、保育者の帰宅時間は19時頃になります。実習生は、帰宅後に実習日誌を書いて保育活動をふり返ったり、指導案の作成をします。

（2）幼稚園教育実習の実際　―Uさんの3週間の実習を事例として―

　幼稚園教育実習は、観察実習、参加実習（部分実習）、責任実習（半日・全日実習）の3つを行います。ここでは、Uさんの幼稚園教育実習を事例に取りあげ、実習の流れを紹介します。

大学4年生のUさんは、6月に3週間の幼稚園教育実習（担当：4歳児）に出向きました。実習期間は限られていますので、まず自分自身が「何を学びたいか」について、10項目程度の課題を書くことから始めましょう。

★Uさんが設定した実習課題

園生活に関する課題
- ・一日の園生活の流れを把握する
- ・子どもたちの顔と名前、特徴を覚える
- ・子どもたちが園で安心・安全に過ごせるように、どのような工夫と配慮があるか学ぶ
- ・保育者と子どもの関わり方（遊びを発展させる工夫、けんかの仲裁など）を学ぶ
- ・梅雨の時期の過ごし方（雨の日の工夫）について知る
- ・たくさんの子どもたちと関わり、年齢による遊び方の違いを知る
- ・異年齢児保育活動において、保育者同士の連携を学ぶ

設定保育に関する課題
- ・朝の会や帰りの会の進行方法を学ぶ
- ・設定保育では、子どもが活動に興味をもてるように、どのような導入が行われているか学ぶ
- ・設定保育中の保育者の子どもへの援助方法を知る
- ・子どもたちに対しての話し方（個人に向けた話し方、集団に向けた話し方）の違いを知る

その他の課題
- ・園内行事について、事前準備から実施に至るまで、どのように進められているかを学ぶ
- ・降園後の保育者の仕事を知る

Uさんの場合、大学3年生のときに1週間の観察実習に行っていました。今回の3週間の実践実習期間のうち、最初の2日間は観察実習を行い、そのあとから参加実習が始まりました。参加実習では、実習生が朝の会や帰りの会でピアノを弾いたり、手遊びや絵本の読み聞かせ、食事指導など、担当保育者とともに行います。最後の週には、責任実習（半日・全日実習）があり、ここでは、実習生が主体となって一日の保育活動を実施します。緊張するとは思いますが、担当保育者もサポートしてくれますから、安心して取り組んでください。以下は、Uさんの3週間の幼稚園教育実習の流れです。

図表8-1　Uさんの教育実習（担当：4歳児クラス）

日	園の予定	Uさんの参加実習	Uさんが設定した一日の実習課題
6/3（月）	身体測定	観察実習	・園の一日の流れを把握する ・子どもの名前を覚える
6/4（火）		観察実習	・園の一日の流れを把握する ・子どもたちのそれぞれの特徴を知る

6/5（水）		参加実習 ・朝の会の読み聞かせを担当	・担当クラス以外の子どもと積極的に関わり、子どもの特徴を知る
6/6（木）		参加実習 ・降園前の絵本の読み聞かせを担当	・保育者と子どもの関わり方や遊びの環境設定を学ぶ
6/7（金）		参加実習 ・給食前のピアノを担当	・雨の日の過ごし方や室内遊びにおける環境構成、配慮事項を知る
6/10（月）		参加実習 ・朝の会のピアノを担当	・保育者の設定保育の運営の流れや、子どもに対する援助を知る
6/11（火）	どろんこ遊び	参加実習 ・降園前のピアノを担当	・保育者の設定保育で、どのような導入の工夫がされているかを学ぶ
6/12（水）	お誕生日会	参加実習 ・給食の時間全体を担当	・お誕生日会にて必要となる準備物や環境構成、司会進行について学ぶ
6/13（木）	プール活動	参加実習 ・朝の会の時間全体を担当	・プール活動の流れや安全への配慮について学ぶ
6/14（金）	保護者 保育参加準備	参加実習 ・降園前の時間全体を担当	・ねらいをもった子どもへの言葉がけを意識しながら一日を過ごす
6/15（土）	保護者 保育参加日	保護者と子どもとの関わりをサポートする	・保護者が参加するイベントの様子を知り、保護者との関わり方を学ぶ
6/17（月）	振替休日	――	――
6/18（火）		参加実習 ・朝の会と降園前の時間を担当	・絵本の読み聞かせでは、子どもたちが集中して聞けるように声の抑揚、間の取り方に注意して取り組む
6/19（水）	午前保育 園内研修	責任実習（半日） ・設定保育（七夕飾りをつくる）	・設定保育で子どもが楽しく取り組めるように、導入時の話し方や保育の流れを意識して取り組む
6/20（木）		責任実習（全日） ・設定保育（七夕飾りをつくる）	・一日の保育の流れを把握し、子どもたちが活動にスムーズに移行できる言葉がけを意識して保育を行う
6/21（金）	避難訓練	参加実習 ・降園前の絵本の読み聞かせを担当	・避難訓練の説明方法や進行方法、訓練時の子どもたちの動きを学ぶ

　実習後、Uさんは「実習を終えて、ほっとした気持ちと、また子どもたちと一緒に活動をしたい」といっていました。以下は、3週間の実践実習を終えたUさんの学びの記録です。言葉がけの工夫や設定保育での反省など、実体験をもとにした学びがあらわれていました。

★Uさんの記録から

> 　3週間の実習を終え、大学の学習だけでは知ることのできなかったことを、実体験をもって学ぶことができました。私が、実習でとくに苦戦したことは、子どもに対する言葉のかけ方です。
> 　子どもが聞いてきたことに対する受け答えはできるものの、子ども同士のトラブルや、次の活動

への促し方、子ども自身が意欲的に活動したいと思える言葉のかけ方など、どのように伝えれば子どもたちにうまく伝わるのか、わからない状況が続きました。

先生からもご指導いただいたように、子どもに伝わる言葉がけには、その子どもが具体的にイメージできるかどうかが重要だということを知りました。たとえば、子どもたちを集めたとき、「みんな、先生のまわりに座ってね」ではなく、「みんなで手をつないで、丸い輪っかをつくってみよう」といってから、輪ができた段階でそこに座るといったことです。……（後略）

3. 年齢別のクラスの特徴と実習のポイント

大人にとっての年齢における1歳の違いは、あまり大きな変化は見られませんが、乳幼児期の子どもにとっての1歳の違いは大きなものです。さらに、入園する頃の3歳児と年長となった5歳児を比較すれば、身体的特徴、運動能力、言語発達など、その差は一目瞭然となります。幼稚園教育実習は、4月から10月にかけて実施されることが多いので、ここでは、その頃の3、4、5歳児のクラスの特徴や実習のポイントを紹介しましょう。

（1）3歳児クラスの特徴と実習のポイント

入園直後の子どもは、はじめて家庭生活から離れての集団生活になりますから、心が不安定になり、「おうちにかえりたい」といって泣き出す様子も見かけます。保育者のそばで一日を過ごし、少しずつ心の安定を図りながら園生活に慣れることが第一目標となります。

6月頃になると、園生活の流れが少しずつわかり、身のまわりのことも自分から進んでやろうとする姿があります。しかし、衣服の着脱や食事、排泄などの生活習慣は、子どもの個人差が大きくあらわれるため、できるだけ自分でするように声をかけつつも保育者の手助けが必要になる場合も多いです。遊びの場面では、一人で積み木やブロック遊びをしたり、園庭で砂場や遊具で遊ぶ姿が見られます。友達と一緒に何かをするというよりも、一人遊びを楽しんでいることが多いです。

みんなと一緒に園生活を送り、集団遊びなどの活動を通して、仲間意識も芽生え始めます。自由遊びにおいても、「○○ちゃん、○○しようよ！」といって、自分から友達を遊びに誘ってみたり、簡単なルールのある遊びも、保育者や友達と一緒になって楽しめるようになります。それと同時に、友達とのぶつかり合いも増えます。友達とのトラブルが起こった際、言葉で自分の気持ちを表現することや順序立てて状況を伝えることは難しく、保育者は、子どものもどかしい気持ちも受けとめながら、トラブルが生じた状況についてていねいに確認をする必要があります。

3歳児クラスの実習中の学びの Point

◎ 3歳児の大きな目標は、園生活に慣れ、基本的な生活習慣（衣服の着脱、食事、排泄など）を身につけることです。衣服の着脱も、大人が見ていたら手助けをしたくなる場面もありますが、自分でやろうとする気持ちを育てることが重要であることを念頭に置き、援助しましょう。

◎ 3歳児は、言葉の目覚ましい発達があります。しかし、相手に伝わるように自分の気持ちを言葉で表現することは難しいため、子どもの気持ちを受けとめながら言葉を補ってあげましょう。

◎ 幼稚園は、集団生活の場です。一人遊びの世界を大切にしつつも、集団で遊ぶおもしろさを伝えられるような簡単なルールのある遊びやゲームを取り入れてみましょう。

（2）4歳児クラスの特徴と実習のポイント

　3歳のときから幼稚園に通っている子どもは、園生活の流れもわかっており、基本的な生活習慣が身につき始めていますが、なかには、4歳から入園する2年保育の子どももいるため、配慮が必要になります。

　4歳児は、身体的機能も発達し、全身のバランスが取れるようになり、巧みな身体の動きもできるようになります。たとえば、片足をあげて左右どちらの足でもケンケンができるようになったり、線やフープ線やフープの上を軽やかにジャンプすることができるほか、ジャングルジムやのぼり棒といった大型遊具での遊びに挑戦しようとする姿が見られます。また、勝ち負けのあるゲームやかけっこ競争など、勝敗のある遊びにも関心をもつようになります。勝つことはうれしいことですし、自分への自信につながりますが、負けることの悔しさや負けそうになってもがんばり続けるといった心の強さも育てたい時期です。

　子どもの感情が豊かになることで、身近な人の気持ちを察したり、あるときは自分自身の気持ちを抑えるなど、我慢もできるようなります。仲間とのつながりが強くなり始めると、子ども同士のトラブルも増えますが、そのなかで他者理解を深め、社会生活で必要となるルールや約束事を学んでいきます。

　言語面では、自分の過去の経験を物語的に話すことができたり、相手や話題に合わせて話しをすることができるようになるため、大変おしゃべりになります。

４歳児クラスの実習中の学びの Point

◎ ４歳児の大きな目標は、友達との関わりを通して、みんなが気持ちよく遊べるためのルールや約束事を知っていくことです。不安や葛藤といった心の成長が見られる時期でもあり、子どもの感情を読み取る力が求められます。

◎ 友達を意識し始めるため、競争で勝敗を決める遊びに関心をもつようになります。勝つことも大切ですが、負けたときに、どのように自分の気持ちを納得させるか、その心の葛藤もよく観察しておきましょう。

◎ ジャングルジムに登ったり、ブランコを思いきりこいでみるなど、身体を使って活発に遊びます。しかし、頭で考えていることと身体のバランスが取りにくい時期でもあり、怪我も増えますので注意して見守る必要があります。

（3）５歳児クラスの特徴と実習のポイント

　５歳になると保育者にいわれなくても、自分から持ち物の整理をしたり、遊んだあとに手洗い・うがいをするなど、基本的な生活習慣は身についています。

　身体的機能は、さらに発達し、ジャンプをする際にまわりの状況をよく見て力の入れ方を加減して飛ぶことができたり、目標に向かってボールを投げることができたりします。また、跳び箱を跳んだり、鉄棒の逆上がりができるように

なったり、平均台の上をバランスよく歩くこと、スキップもリズミカルにできるようになるなど、複雑な身体の動きが可能になります。身体だけでなく、心も大きく発達し、自分の思い通りにいかないことでも、「もう一度やってみよう」という意欲が見られ、何事に対しても、根気強く集中力をもって取り組むことができるようになります。

　言語面では、論理的思考の発達から、物事の相互関係が正しく理解できるようになるため、言葉を介して友達と共通のイメージをもって遊ぶことができるようになります。一つのテーマや目的をもった「協同的な遊び」も多く見られ、遊びをもっとおもしろくするために、さまざまなアイデアを思いつき、試そうとします。たとえば、レストランごっこでは、料理をつくるだけでなく、看板やメニュー表をつくるなどの工夫をするようになります。

　また、友達がけんかをしている姿を見て、自分から仲裁に入って何とか解決しようとする姿も見られます。他者理解が進むと、相手の心の痛みも喜びも考えられるようになるので、相手を許したり、意見の違う相手を受け入れることができるようになります。

5歳児クラスの実習中の学びの Point

◎ 5歳児の大きな目標は、3つの自立（学びの自立、生活上の自立、精神的な自立）を養うことです。次の年には小学校へ行くことになりますので、楽しいことや好きなことに集中して取り組む学ぶ姿勢「学びの芽生え」を培うことが重要になる時期です。

◎ これまでの生活体験にもとづいて、主体的に物事を解決しようとする気持ちや友達と協力して目的を実現させる力が備わっています。また、ものの性質や仕組み、法則性の理解、数量や文字に対する興味・関心、言葉で伝え合うよろこびなど、思考力だけでなく、豊かな感性や表現力も身についています。5歳児とともに遊ぶときは、子どものアイデアに共感したり、子ども自身が実現したいことを援助するように実習であたってください。

【参考文献】
・岡野聡子『子どもと環境　一身近な環境とのかかわりを深めるために―』ERP、2013
・田中真介監修、乳幼児保育研究会編著『発達がわかれば子どもが見える』ぎょうせい、2011
・文部科学省『幼稚園教育要領』フレーベル館、2017

第8章

幼稚園教育実習とは

3. 年齢別のクラスの特徴と実習のポイント

Column

知っておきたい！
保育現場にある楽器の名前と奏法

　保育の現場には、ピアノ以外にもさまざまな楽器があります。子どもたちと楽しめる楽器の正式名称や奏法を知っているでしょうか？　実は知らない楽器の名前や豆知識、保育で扱う場合の留意事項などをまとめました。

●鈴系

　ひと言で「鈴」といっても、正しくは形状によって呼び方が異なります。もっともよく目にする手もちの小さい鈴（図1）は、手にもって振っても音は出ますが、集団で鳴らすとかなりの音量になるので、鈴をもった手と反対側の手で、もった手の手首を打って鳴らす方法が適切です（図2）。このほうが優しい音が鳴ります。一方、棒型で縦に振るタイプのものをスレイベルと呼びます（図3）。スレイベルのほうがまとまりのある音色です。

図1　手持ちの鈴

図2　鈴の鳴らし方

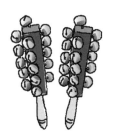

図3　スレイベル

●タンブリン系

　呼び方は、タンブリン、タンバリン、どちらでも構いません。膜が張ってあり、外周に鈴がついたものをタンブリンと呼びます（図4）。膜が張られておらず鈴だけのものはモンキータンブリンと呼びます（図5）。

　タンブリンやモンキータンブリンについている穴は、もち手ではなくスタンドにつけるときに金具で固定するためのものです。大きい穴ですが、まれに子どもが指を入れて抜けなくなることがありますので、十分に注意しましょう。

　タンブリンと見た目は似ていますが、鈴のないもの（ついている場合もある）をハンドドラムといいます（図6）。これは手で叩くほかに、バチを使う場合もあります。

図4　タンブリン

図5　モンキータンブリン

図6　ハンドドラム

○ 音板楽器系

　木琴（マリンバ、シロフォン）、鉄琴（グロッケン）などの音板楽器は、音楽会などでメロディを奏でるときなどに活躍しますが、子どもたちにとっては正しい音を叩くのが難しい場合もあります。その場合、使わない音をあらかじめはずしておくことのできる木琴や鉄琴もあります。これをオルフ楽器といい、ドイツの作曲家であり音楽教育家でもあるカール・オルフ（1895-1982）が考案しました。子どもが間違いにくく、楽しんで音を鳴らせるような工夫がしてあります。

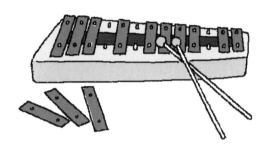

○ その他打楽器

　トライアングルはもち手をつけて棒（ビーター）で叩きますが、本体を手で握った場合と放した場合では音色がまったく違うので、試してみましょう。「火の用心」の拍子木のような楽器はクラベスといい、正しくは握って打ち合わせるのではなく、片方をやさしく握り、それをもう片方の中心部分で叩きます（図7）。

　シンバルは子どもたちの大好きな楽器ですが、本体の外周側は非常に薄く鋭くなっています。万一、足の上に縦に落としてしまうと大きなケガにつながりますので、子どもたちの扱い方には注意しましょう。

図7　クラベスの持ち方

　以上のように、保育の現場にある楽器は、私たちにとってもなじみのあるものがほとんどです。子どもたちと楽器遊びや合奏をするときには、子どもたちがのびのびと楽しめるように工夫することが何よりも大切ですが、正しい奏法や使い方の工夫を知っていると、より保育の幅が広がりますね。

第**9**章

認定こども園とは

＜本章で学ぶこと＞

- ・「認定こども園」制度の概要および４つの類型について学びます。
- ・「認定こども園」の目的や目標、内容などについて学びます。
- ・「認定こども園」における子育て支援の役割について学びます。

1. 認定こども園はどんなところ？

（1）認定こども園が創設された背景

　認定こども園とは、「教育・保育を一体的に行う施設で、幼稚園と保育所の両方の良さを併せ持っている施設」（内閣府；2018）のことです。日本における乳幼児を対象とする保育施設は、児童福祉施設の機能をもつ保育所（厚生労働省所管）と、教育機関の機能をもつ幼稚園（文部科学省所管）とが併存し、制度的に幼保二元体制がとられてきました。そのため、保育所は両親の就労などで保育に欠ける乳幼児を対象に０歳から利用できる福祉施設として、幼稚園は３歳から５歳児を対象に一日４時間程度の教育を受ける教育施設としての役割を担ってきました。

　認定こども園は、2006（平成18）年に創設されました。この背景には、共働き家庭の増加による待機児童問題といった社会的ニーズがあげられます。子どもの預かり時間が長い保育所に入所させたい保護者が増える一方で、幼稚園の入園希望者は年々減少するということが起こりました。そのため、たとえば、既存の幼稚園が認定こども園制度を用いることで、保育時間を延ばして入園者を増加させることもできるようになりました。認定こども園は、就学前の教育・保育を一体として捉えた制度的枠組みがあることで、幼稚園の強みである教育面での指導が保育所でも可能になる、一方で、保育所の強みである養護や地域の子育て支援といった取り組みが幼稚園でも行えるというように、多様化する保育ニーズに対応できる形となっています。

　認定こども園のおもな特徴は、親の就労状況は問わずに入園が可能であること、保育と教育を並行して提供すること、入園が０歳児から就学前までと広範囲であること、預かり時間が４~８時間利用にも対応できるということがあげられます。また、おもな役割として、①就学前の子どもに幼児教育・保育を提供する機能、②地域における子育て支援を行う機能の２つの機能をあげ

ることができます（図表 9-1）。

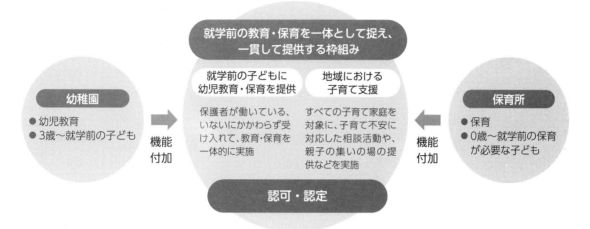

（出典：内閣府ホームページ https://www8.cao.go.jp/shoushi/kodomoen/gaiyou.html）

図表 9-1　認定こども園の仕組み

（2）認定こども園の類型

　認定こども園は、地域の実情や保護者のニーズに応じて選択が可能となるよう多様なタイプがあります。保育所と幼稚園の機能をあわせもつ「幼保連携型」、幼稚園が保育所的機能をもつ「幼稚園型」、保育所が幼稚園的機能をもつ「保育所型」、自治体が独自に認定する「地方裁量型」という 4 つの類型があります（図表 9-2）。

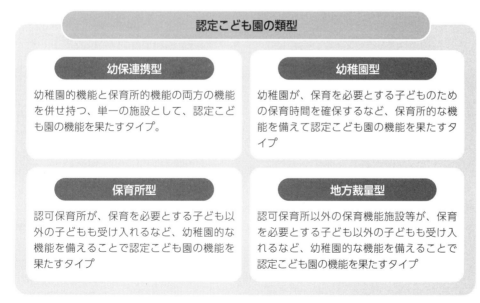

（出典：内閣府子ども・子育て本部『すくすくジャパン！子ども・子育て支援新制度について』2018、p.25）

図表 9-2　認定こども園の類型

1.　認定こども園はどんなところ？

2022（令和4）年4月の時点で、認定こども園の施設数は合計で9,220園まで増えています（図表9-3）。2015（平成27）年に待機児童解消のために制度設計された「幼保連携型認定こども園」では、多様な保育ニーズに応えながら「保育の質」の向上を図っていくとともに、幼稚園教諭と保育士の両方の免許をもつことが原則の職員「保育教諭」が配置されるなど、少しずつ幼保一体化の取り組みが進められています。

図表9-3　認定こども園の数（令和4年4月1日現在）

園数	（内訳）			
	幼保連携型	幼稚園型	保育所型	地方裁量型
R4　9,220	6,475	1,307	1,357	84
R3 （8,585）	（6,093）	（1,246）	（1,164）	（82）

（出典：内閣府子ども・子育て本部「認定こども園に関する状況について」令和5年3月24日より作成）

（3）認定こども園の管轄省庁

2023（令和5）年4月1日、こども家庭庁は、「大人が中心になっていたこの国や社会のかたちを『こどもまんなか』へと変えていく司令塔」（内閣官房，2022）として創設されました。同

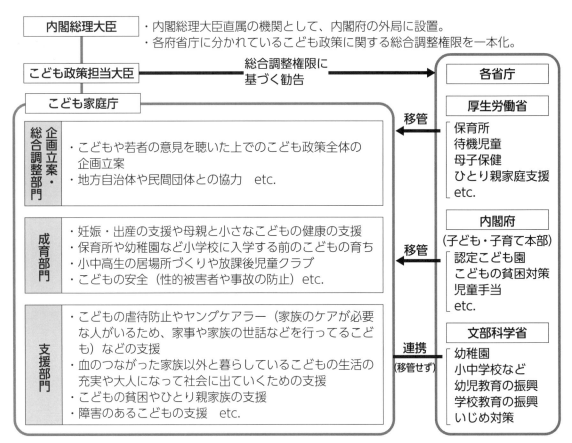

（出典：内閣官房子ども家庭庁設立準備室『こども家庭庁について』の内容を基に作成）

図表9-4　こども家庭庁の組織・事務・権限

庁の組織は、内閣総理大臣直属の機関として内閣府の外局に設置され、こども政策担当大臣・こども家庭庁長官が置かれています。これまで子どもに関する政策は、文部科学省が幼稚園を、厚生労働省が保育所を、内閣府が認定こども園を管轄してきましたが、縦割り行政の弊害を解消するために、保育所と認定こども園については、こども家庭庁へ移管されました（図表9-4）。

2. 幼保連携型認定こども園について

（1）幼保連携型認定こども園の目的

　認定こども園の目的や目標については、「認定こども園法」（正式名称は「就学前の子どもに関する教育、保育などの総合的な提供の推進に関する法律」）に定められていますので、その具体的な内容を見ていきたいと思います。認定こども園法の第2条第7項では、次のように幼保連携型認定こども園の目的が示されています。

　　「幼保連携型認定こども園」とは、義務教育及びその後の教育の基礎を培うものとしての満3歳以上の子どもに対する教育並びに保育を必要とする子どもに対する保育を一体的に行い、これらの子どもの健やかな成長が図られるよう適当な環境を与えて、その心身の発達を助長するとともに、保護者に対する子育ての支援を行うことを目的として、この法律の定めるところにより設置される施設をいう。

　幼保連携型認定こども園の目的を見ると、大きく2つの目的があることがわかります。①満3歳以上の子どもに対する教育並びに保育を必要とする子どもに対する保育を一体的に行うことと、②保護者に対する子育て支援を行うことです。

①満3歳以上の子どもに対する教育、保育を必要とする就学前の子どもに対する保育を一体的に行うこと

　幼保連携型認定こども園は、保護者の就労の有無に関わらず子どもを受け入れて、教育と保育を一体的に行う施設であるため、入園時期や在園時間の異なる子どもが在籍しています。具体的には、満3歳以上の子どもの教育と保育を行い、乳児から満3歳未満児の保育を行います。そのため、保育教諭は、子どもに健やかな成長が図られるような環境を整えることを意識しながら、教育と保育にあたらなければなりません。

②保護者に対する子育て支援を行うこと

　これまでも幼稚園や保育所では、保護者への子育て支援が行われてきましたが、地域の子育て支援の実施は義務ではなく、その実施は園によってさまざまでした。しかし、認定こども園では、子育て支援が義務化されています。この子育て支援ですが、園を利用している保護者への支援だけでなく、地域の子育て家庭も利用できる開かれた場所であることを覚えておきましょう。

　認定こども園では、保護者が来園しやすく相談できるような雰囲気や場所を用意するとともに、子育て不安に対応した相談活動や親子の集いの場を提供することにも努めなければなりません。その際、保護者の需要や地域の実情に応じた支援を実施することが大切です。

　子育ての支援における保育教諭の役割としては、保護者とのやり取りや会話から悩みなどに気づいて声をかけたり、子育ての悩みを打ち明けやすい雰囲気をつくったりするなど、保護者に対するきめ細やかな子育て支援が求められています。

★ **幼保連携型認定こども園の目的（まとめポイント）**

① 満3歳以上の子どもに対する教育並びに保育を必要とする子どもに対する保育を一体的に行い、心身の発達を助長する
② 保護者に対する子育て支援を行う

(2) 幼保連携型認定こども園における教育及び保育の目標

　幼保連携型認定こども園は、認定こども園法第9条に規定する教育および保育の目標を達成するよう努めなければなりません。教育および保育の目標には、「子どもに対する学校としての教育及び児童福祉施設としての保育並びにその実施する保護者に対する子育て支援事業の相互の有機的な連携を図ること」とあり、次の1～6までの具体的な目標が掲げられています。

1　健康、安全で幸福な生活のために必要な基本的な習慣を養い、身体諸機能の調和的発達を図ること。

2　集団生活を通じて、喜んでこれに参加する態度を養うとともに家族や身近な人への信頼感を深め、自主、自律及び協同の精神並びに規範意識の芽生えを養うこと。

3　身近な社会生活、生命及び自然に対する興味を養い、それらに対する正しい理解と態度及び思考力の芽生えを養うこと。

4　日常の会話や、絵本、童話等に親しむことを通じて、言葉の使い方を正しく導くとともに、相手の話を理解しようとする態度を養うこと。

5　音楽、身体による表現、造形等に親しむことを通じて、豊かな感性と表現力の芽生えを養

うこと。

6　快適な生活環境の実現及び子どもと保育教諭その他の職員との信頼関係の構築を通じて、心身の健康の確保及び増進を図ること。

　幼保連携型認定こども園における教育および保育の目標をみると、1~5までの目標は、幼稚園や保育所の5領域の目標であり、6は養護に関わる目標です。すなわち、幼保連携型認定こども園の目標は、幼稚園と保育所の目標を統合した内容になっていることがわかります。

　幼保連携型認定こども園の教育および保育は、小学校以降の学習と異なり、保育教諭があらかじめ立てた目的に沿って教えるのではなく、園児自らがそれぞれの興味や関心に応じて、遊びや生活といった直接的な体験を通じて園児なりのやり方で学んでいけるようにしなければなりません。このような体験を通じて、園児は学ぶことの楽しさを知り、積極的に物事に関わろうとする気持ちをもつようになります。乳幼児期に自ら関わろうとする気持ちを育むことは、小学校以降の学習意欲へとつながります。さらには、社会に出てからも物事に主体的に取り組み、自ら考え、さまざまな問題に積極的に対応し、解決する基礎を養ううえで重要となります。

(3) 幼保連携型認定こども園の子どもの様子

　「幼保連携型認定こども園」では、どのようにして子どもたちが過ごしているのでしょうか？園には、教育機能を利用する1号認定児、保育機能を利用する2号・3号認定児と呼ばれる基準があります。3歳児以上の子どもは、1号認定児は標準4時間の教育時間、2号認定児は、それに保育機能が追加されます。3歳未満児は3号認定児となり、保護者の就労事情により短時間の保育、長時間の保育（通常は8時間程度。最長で11時間程度）の利用ができます。園によって形態はさまざまですが、いわば3種類の保育が認定こども園では行われているのです。

　教育も保育も一体的に受けることができ、また、年齢の異なる子どもたちが同室で生活することも可能になりました。一人っ子も異年齢保育では、兄弟や姉妹の関係を体験し、多様な仲間関係は自我の発達にも大きくプラスになるでしょう。こうした経験により互いに学び合う心、ともに育つ心が養われます。少子化の現在、人との関わりの大切さも教えてくれます。一方、生活では、1号認定児はお昼過ぎに保護者が迎えにくるでしょうし、また延長保育を利用できる2号・3号認定児は、最後まで園に残るというような事情もみられます。保育現場では「もっとお友達と遊びたかった」と残念がったり、「なんで早くお迎えにきてくれないの？」と聞く子どももいます。「子どもファースト」が認められて幼保一元化が進行していますが、保護者の就労状況を問わず、在籍園の移動がなく安心して子どもを預けられる反面、子どもが置き去りにされているという状況も見られるようになりました。

3. 幼保連携型認定こども園における子育ての支援

(1) 子育て支援の取り組みと支援全般に関わる事項

　幼保連携型認定こども園における子育ての支援は、教育および保育の内容と有機的な連携を図りながら取り組むことが重要です。保護者に対する子育ての支援は、保護者や子どもの状況を踏まえて、保護者と子どもとの安定した関係や保護者の養育力の向上に寄与するために行われるとともに、子どもと保護者との関係、保護者同士の関係、地域と子どもや保護者との関係を把握し、それらの関係性を高めることが大切です。

　子育ての支援全般に関わる事項については、①保護者の自己決定の尊重、②幼保連携型認定こども園の特性を生かした支援、③子育ての支援における体制構築、④プライバシーの保護および秘密保持についての4項目があげられています（図表9-5）。

図表9-5　子育ての支援全般に関わる事項

子育ての支援全般に関わる事項	事項の具体的な内容
①保護者の自己決定の尊重	保護者に対する子育ての支援を行う際には、各地域や家庭の実態等を踏まえるとともに、保護者の気持ちを受け止め、相互の信頼関係を基本に、保護者の自己決定を尊重すること。
②幼保連携型認定こども園の特性を生かした支援	教育及び保育並びに子育ての支援に関する知識や技術など、保育教諭等の専門性や、園児が常に存在する環境など、幼保連携型認定こども園の特性を生かし、保護者が子どもの成長に気付き子育ての喜びを感じられるように努めること。
③子育ての支援における体制構築	保護者に対する子育ての支援における地域の関係機関等との連携及び協働を図り、園全体の体制構築に努めること。
④プライバシーの保護及び秘密保持	子どもの利益に反しない限りにおいて、保護者や子どものプライバシーを保護し、知り得た事柄の秘密を保持すること。

（出典：内閣府・文部科学省・厚生労働省『幼保連携型認定こども園教育・保育要領解説』フレーベル館、2018、pp.344-347）

(2) 地域における子育て家庭の保護者等に対する支援

　認定こども園では、地域の子育て支援の実施が義務化されているため、たとえば、「一時預かり事業」といった子育て家庭への支援を行っています。一時預かり事業とは、「教育時間の前後又は、長期休業日等に、一時的に保護を行うものであり、満3歳以上の園児の保護者が、日常生活上の突発的な事情や社会参加などにより、一時的に家庭での保育が困難となる場合や、

核家族化の進行や地域のつながりの希薄化などにより、育児疲れによる保護者の心理的・身体的負担を軽減するための支援として園児を一時的に預かることで、安心して子育てができる環境を整備し、必要な保護を行うもの」とされています。こうした一時預かり事業のほかに、認定こども園法第2条には、子育て支援事業の内容が取りあげられています。

★「子育て支援事業」の具体的な事業内容（まとめポイント）

① 親子が相互の交流を行う場所を開設する等により、子育てに関する保護者からの相談に応じ、必要な情報の提供等の援助を行う事業

② 家庭に職員を派遣し、子育てに関する保護者からの相談に応じ、必要な情報の提供等の援助を行う事業

③ 保護者の短時間の就労、育児のためのリフレッシュ、疾病等の理由により、家庭において保育されることが一時的に困難となった子どもにつき、認定こども園又はその居宅において保護を行う事業

④ 子育て支援を希望する保護者と、子育て支援を実施する者との間の連絡及び調整を行う事業

⑤ 地域の子育て支援を行う者に対する必要な情報の提供及び助言を行う事業

【引用・参考文献】
・秋田喜代美編著『よくわかる幼保連携型認定こども園教育・保育要領徹底ガイド』チャイルド本社、2015
・岡田耕一編著『保育原理』萌文書林、2019
・近藤幹生『保育の自由』岩波新書、2018
・汐見稔幸、松本園子、髙田文子、矢治夕起、森川敬子著『日本の保育の歴史』萌文書林、2017
・民秋言〔編者代表〕『幼稚園教育要領・保育所保育指針・幼保連携型認定こども園教育・保育要領の成立と変遷』萌文書林、2017
・内閣官房子ども家庭庁設立準備室「こども家庭庁について」2022
・内閣府・文部科学省・厚生労働省「幼保連携型認定こども園教育・保育要領解説」2018
・内閣府子ども・子育て本部「子ども・子育て支援新制度について」内閣府、2018
・中山昌樹著『認定こども園がわかる本』風鳴舎、2015
・無藤隆・北野幸子・矢藤誠慈郎著『認定こども園の時代』ひかりのくに、2015

Column

英語活動で困らないためのプチッとアドバイス

　現在、日本ではグローバル化が進み、これまで以上に多くの外国人が日本に住むようになってきています。また、小学校では2020（令和2）年度から本格的に3・4年生で外国語活動（英語活動）、5・6年生で外国語科（英語科）が始まったこともあり、幼稚園や保育所などで行われる英語活動に対しても保護者の方たちの関心は高くなっています。このような背景もあり、皆さんが実習に行くと、外国人の子どもがいたり、その園が普段から英語活動を行っていたりということも考えられます。

　幼稚園や保育所などでの英語活動というと、英語のネイティブスピーカーが行ったほうがよいのではないかと思う人もいるかもしれません。確かに、彼らにとって英語は母語ですから、当然発音はじょうずですし、語彙も豊富でしょう。また、見た目も日本人の先生とは違いインパクトがあり、子どもたちにとってもよい刺激になるでしょう。しかし、どの園にもネイティブスピーカーが常駐しているわけではありませんし、必ずしも英語活動を行う際にネイティブスピーカーではないと務まらないというわけではありません。

　園には、さまざまな子どもがいます。体を動かすことが好きな子もいれば、そうでない子もいます。先生が絵本を読み聞かせをしているときに、じっと聞き入っている子もいれば、なかなかじっとしていられなくてソワソワしてしまう子もいます。それらと同じように、英語活動に乗り気な子もいれば、そうでない子もいます。子どもたちは、意外に普段と違う取り組みや「わからない」ということに対して「食わず嫌い」のような拒否感を示すことがあります。そこで、日本人の先生の場合、そのような気持ちもくみ取りつつ、普段見ている子どもたちの興味・関心や「わからない」ということを踏まえた英語活動を考え、実践することが可能です。また、活動中には、子どもたちとやり取りをしながら、英語との「橋渡し」ができます。

　このコラムでは、以上のようなことを踏まえたうえで、将来、保育士や幼稚園教諭を目指す皆さんが実習先で英語活動をする必要がある、もしくは自分からやってみようと思ったときのヒントとなるアドバイスをしたいと思います。

　まず、幼稚園・保育所などで英語活動を行う際に重要な点は以下の3つです。

① 幼稚園・保育所などの英語活動は、「遊び」であるということが大事であり、母語である日本語とは異なった言語にふれる「きっかけ」であると捉えましょう。英語を教え込んだり、無理やり覚えさせたりする必要はまったくありません。

② 日本語との違いや、日本の文化との違いに気づかせるような活動、経験・体験を重視しましょう。

③ 先生も子どもたちと一緒に英語活動を楽しみましょう。

　では、どのような活動を行ったらよいのでしょう。まずは、上記のことをふまえて、英語を使って遊んで楽しんでみてください。とはいえ、自分が子どもだったときに英語活動を経験したことのない人やどんな活動をすればよいのかわからない人もいるでしょうから、ここからは具体的な活動内容について考えてみましょう。

「遊び」という観点から英語活動を考えた場合、おすすめの活動は、たとえば「歌（手遊び）」「絵本の読み聞かせ」「ゲーム」の3つがあげられます。

◯ 歌（手遊び）

準備がしやすく英語活動としてはやりやすいでしょう。おすすめは "Head, Shoulders, Knees and Toes"、"Twinkle, Twinkle, Little Star"、"Eency Weency Spider" の3つです。では、具体的な楽しみ方を、"Eency Weency Spider" を例にして紹介します。この歌は短い物語になっていますので、実際に歌や手遊びに入る前に、この物語の世界観を子どもたちに伝えます。その際、歌に登場するクモ、雨、太陽などを紙芝居やペープサートなどを利用し、劇のような形で行うとより楽しく、イメージがふくらみやすくなります。その後、「このお話には歌があるから一緒に歌ってみましょう！」といった具合に歌や手遊びに移り、はじめはゆっくりと、英語の音を楽しみながら歌います。歌えるようになってきたら、歌うスピードをあげてみたり、手遊びを入れてみたりすると、徐々に難易度があがり、より盛りあがるでしょう。

◯ 絵本の読み聞かせ

エリック・カールやレオ・レオニの作品がおすすめです。色や体など身近な単語を使っており、内容もわかりやすく、簡単な文で書かれています。また、物語もおもしろく、絵も楽しめます。エリック・カールでは、とても有名な "The Very Hungry Caterpillar" や "Brown Bear, Brown Bear, What Do You See ?"、"From Head to Toe" がよいでしょう。また、レオ・レオニは "A Color of His Own" がとくにおすすめです。日本語での読み聞かせ同様、子どもたちとコミュニケーションを取りながら読んでいくことが大切です。たとえば、"Brown Bear, Brown Bear, What Do You See ?" では、カラフルな動物が次々と登場し、子どもたちは耳と目の両方でこの物語を楽しむことができます。動物の dog, cat や色の red, blue など身近なものが多く、単純な英語の繰り返しで、かつリズミカルなので、子どもたちも楽しく参加できるでしょう。

◯ ゲーム

基本的にはアクティビティゲームで、日常の保育で行われているゲーム活動を英語にアレンジして行います。「じゃんけん」や「ビンゴゲーム」などが英語活動でも取り入れやすいでしょう。「じゃんけん」の場合、チーム戦にして、自作のメダルなどの数を競うゲームが考えられます。その際に、じゃんけんのかけ声を "Rock ! Scissors ! Paper ! Go !" に変えて行います。じゃんけんに勝ったら一つメダルをもらい、チームでその合計数を競います。最後に、各チームのメダルの個数を確認するために英語で数を数え、どちらのチームが勝ったかを決めます。

これらのことを参考にしながら、自分の気に入った題材を一つか2つ選んで活動ができるようにしておくとよいでしょう。Let's enjoy English !

第 **10** 章

認定こども園の教育実習・保育実習とは

＜本章で学ぶこと＞

・認定こども園での教育実習と保育実習の違いと内容について学びます。
・認定こども園の実習に向けて「実習の課題」を明確にします。

1. 認定こども園の教育実習・保育実習

　認定こども園の増加とともに、認定こども園で実習を行う実習生が増えています。幼保連携型認定こども園では、幼稚園教諭免許取得のための「教育実習」と保育士資格取得のための「保育実習」、どちらの実習も行うことが可能です。しかし、「教育実習」の内容と「保育実習」の内容は異なりますので、どちらの実習を行うかで、実習先を選択していかなければなりません。

　認定こども園には4つのタイプがあることは、前章で学びましたが、幼稚園型認定こども園では「教育実習」のみ、保育所型認定こども園では「保育実習」のみを行うことができます。実習先を選択する際に、認定こども園がどのタイプのこども園であるかを知っておく必要があります。

　実習内容も多少の違いがあります。ここでは認定こども園の特徴もふまえながら、こども園での実習について理解していきましょう。

(1) 幼保連携型認定こども園での実習

　『幼保連携型認定こども園教育・保育要領解説』第1章第3節には、「幼保連携型認定こども園として特に配慮すべき事項」が記載されていますので、事前によく読んで学習して

おきましょう。

　たとえば、4月当初の3歳児のクラスには、園生活をはじめて経験する子ども、満3歳から数か月間の園生活を経験した子ども、それから満3歳未満から園生活を長く経験している子どもがともに生活することになります。幼保連携型認定こども園での実習を行う場合は、子ども一人ひとりの在園期間や経験に配慮することが大切なポイントとなります（図表10-1）。また、長時間保育と短時間保育の子どもが混在するため、生活のリズムや心身の状態には、十分な配慮が必要となります。

図表10-1　3歳児の在園期間の例

月齢 ＼ 子ども氏名	きらら	るい	けいご	さくら
0歳児	入園			
1歳児		入園		
2歳児			満3歳入園	
3歳児				入園

（2）認定こども園の教育実習

　認定こども園での教育実習は、幼保連携型もしくは幼稚園型のタイプとなります。教育実習では、1号認定（教育標準時間認定：4時間）の子どもが降園するまでの時間が、子どもと直接関わる実習時間であり、1号認定の子どもの降園後は、掃除などの環境整備や翌日の保育の準備を行います。

　しかし近年、2号認定（保育認定：8〜11時間）の子どもの増加にともない、教育実習でも午睡やその後の保育活動に携わる実習生もみられるようになってきました。1号認定の子どもが降園した後の実習生の動きについても事前に確認しておきましょう（図表10-2）。

図表10-2　認定こども園の教育実習

時間	実習生	子ども
8：00	出勤	登園
9：00	保育活動（子どもと直接関わる実習）	保育活動（教育標準時間4時間）
10：00		
11：00		
12：00		
13：00		1号認定降園（2号認定保育活動）

13：30	掃除・環境整備		
	⬇		⬇
15：00	休憩・記録の記入		
		保育活動（子どもと直接関わる実習）	
16：00	明日の準備（反省会）		順次降園
17：00	退　勤	退　勤	

（3）認定こども園の保育実習

　認定こども園での保育実習は、幼保連携型もしくは保育所型のタイプとなります。保育所型では、もともと保育所だった園が認定こども園へ移行している場合が多く、保育の内容もほぼ保育所と変わらないところがほとんどです。ここでは、保育を必要とする事由に該当しない 1 号認定の子どもも入園できるようになり、幼稚園的な機能が追加されたと覚えておくとよいでしょう。保育実習の場合は、1 号認定の子どもが降園したあとも 2 号認定の子どもの午睡からおやつ、降園までの保育に携わるということになります（図 10-3）。

図表 10-3　認定こども園の保育実習

時間	実習生		子ども
8：00	出勤（シフト制の場合もある）		登園
9：00	保育活動（子どもと直接関わる実習）		保育活動（保育時間 8 時間〜 11 時間）
10：00			
11：00	▮		⬇
12：00			
13：00	※午睡の時間に休憩・記録を記入する		1 号認定降園
14：00			
15：00	⬇	保育活動（子どもと直接関わる実習）	⬇
16：00			順次降園
17：00	退　勤	退　勤	

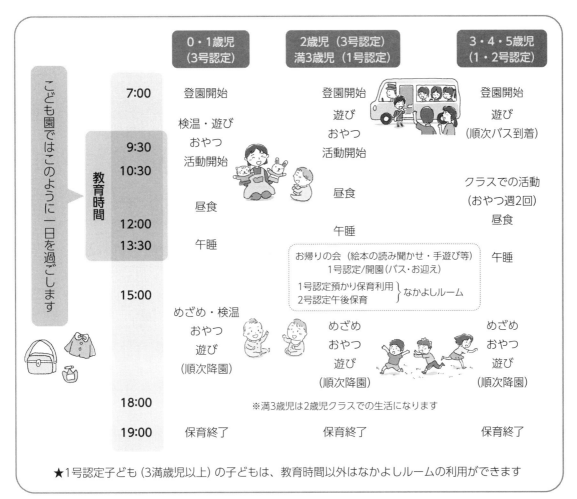

	0・1歳児 （3号認定）	2歳児（3号認定） 満3歳児（1号認定）	3・4・5歳児 （1・2号認定）

| こども園ではこのように一日を過ごします | | 教育時間 | 7:00 | 登園開始 | 登園開始 | 登園開始 |

こども園ではこのように一日を過ごします

教育時間

7:00　登園開始　登園開始　登園開始

検温・遊び　遊び　遊び
おやつ　おやつ　（順次バス到着）

9:30
10:30　活動開始　活動開始

クラスでの活動
（おやつ週2回）

昼食　昼食　昼食

12:00
13:30　午睡　午睡

お帰りの会（絵本の読み聞かせ・手遊び等）
1号認定/開園（バス・お迎え）

1号認定預かり保育利用
2号認定午後保育 } なかよしルーム

午睡

15:00　めざめ・検温　めざめ　めざめ
おやつ　おやつ　おやつ
遊び　遊び　遊び
（順次降園）　（順次降園）　（順次降園）

※満3歳児は2歳児クラスでの生活になります

18:00
19:00　保育終了　保育終了　保育終了

★1号認定子ども（3満歳児以上）の子どもは、教育時間以外はなかよしルームの利用ができます

図表10-4　認定こども園の一日

※認定こども園の一日の流れを参考にしながら実習を理解しましょう。

2. 認定こども園での実習エピソードから

(1) 覚えておこう！　認定こども園の環境

　オリエンテーションの日までに、実習をする認定こども園の環境を大まかに理解しておきましょう。認定こども園は、園舎を改築したり、増築したりしていることが多く、たとえば、保育所園舎と幼稚園園舎が離れている、また、同じ園舎だとしても玄関や職員室が別であるなど、事前訪問で迷うこともあります。約束した時間に遅刻してしまうというハプニングが生じないように、しっかりと実習する園の環境を確認しておきましょう。

例1 園の入口が園舎を挟んで反対側にあるケース

1号・2号認定入口（満3歳以上児）　　　3号認定入口（満3歳未満児）

例2 すべての子ども共有の園庭と満3歳未満児用の小園庭があるケース

手前が満3歳未満児の園庭、
奥がすべての子ども共有の園庭

図表 10-5　認定こども園の園舎の例

（2）実習担当の保育教諭がいない！

　認定こども園の保育教諭は、保育士と同じようにシフト制で勤務しています。たとえば、実習生は8時からの実習で、実習担当の保育教諭（担当クラスの担任）が遅番（10時出勤）の場合は、2時間ほど実習担当の保育教諭が不在ということになります。事前に実習担当の保育教諭と連絡を密にし、勤務シフトや不在の場合の実習の内容について確認しましょう。園によっては、担任不在の場合、補助の保育教諭もしくは2人担任制を取っているところもあります。

（3）認定こども園の子どもとの関わりから

　子どもとの会話のなかで、「早くお家に帰りたいな」「○○ちゃんは早く帰れていいな」とさびしそうに話す子ども、「○○くんは暗くなるまで園にいていいな」「もっと遊びたい」とうらやましそうに話す子ども、このように子どもの思いはさまざまであり、認定こども園ならではの会話

にとまどう実習生の話を聞きます。

　認定こども園は、さまざまな家庭のニーズに合わせた保育の提供と、すべての子どもにいろいろな活動に取り組む体験を十分に積み重ねられる場として設置されました。ですから1号認定の子どもも2号認定の子どもも、今日一日が楽しく有意義に過ごし満足感を感じることができるように、日々の計画のなかで配慮・工夫がされているのです。実習生も子ども一人ひとりの思いを受け止め、「○○ちゃんは早く帰ってお家でいっぱい遊ぶんだって。○○くんは園でいっぱい遊ぶんだよね。みんな何して遊ぶのかな。楽しみだね」と遊びや生活の場は違っても、子どもの意欲や期待が深まるような関わりが求められます。

3. 認定こども園の実習で学びたい内容とポイント

(1) 一日の生活リズムや在園時間が異なる子ども一人ひとりの遊びと生活

　登園時間の異なる子ども一人ひとりが、朝の登園時にどのように遊びに取り組み始めているのか、先に遊び始めている子どもとの関係性や保育者の関わり、配慮について学びましょう。

　また、在園時間の短い子どもは、在園時間が長い子どもと比べて遊びの時間が短いため、遊びの満足度が少ないことが考えられます。すべての子どもに同じ満足感が得られるようにするには、どのような配慮がされているのかを学びましょう。

(2) 認定こども園の特徴を生かした保育の計画と内容

　2号認定の子どもには、1号認定の子どもが降園後、1号認定の子どもと同様の家庭的教育が保証されなければなりません。そのために午後の時間にさまざまな教育的な配慮や工夫がされているということを学びましょう。たとえば、5歳児は午睡をせずに、文字や数にふれる遊びやゲームなどの活動が計画されている園もあります。

(3) 異年齢児の交流や地域との連携、行事への取り組み

　認定こども園では、乳児と幼児が同一園舎か否かにかかわらず、0歳児から5歳児までが生活しています。そのため異年齢児が関わる場面が多く見られます。園ではどのような異年齢児の交流を図っているのかを学びましょう。

　また、3号認定の子どもは、ほとんど毎日、散歩や園外保育に出かけています。さらに認定こど

も園は地域と連携をしながら、お互いの行事に参加したりなど計画を立てています。実際に交流をしている姿を捉え、その必要性を考えていきましょう。

（4）職員間の連携や情報の共有の仕方

　認定こども園では、勤務時間のシフト制を取っているため、早番・中番・遅番などで勤務時間が異なります。勤務時間が異なることで、その日の子どもの様子や状況を共有できないということがないように、職員間ではどのように連携しているのかを学びましょう。さまざまな場面で職員のチーム力が発揮されるのも日々の連携の賜物なのです。

（5）保護者の就労状況や生活形態に応じた子育て支援

　認定こども園の保護者の就労状況と生活形態が異なることをふまえ、保護者の就労と子育ての両立をどのように支援しているのかを学びましょう。病児保育や延長保育の対応、保護者が来園しやすいような行事の配慮、保護者同士の交流・情報交換の場など、さまざまな工夫が計画されています。子育て支援の内容と実習園の取り組みについて学びましょう。

　このように認定こども園の実習の内容とポイントを押さえながら、実習を通して何を学びたいのかという実習の課題を明確にすることで、認定こども園の教育・保育の内容を理解し、その特徴を知ることができるでしょう。多様な現代の保育環境や子育て支援の実態について学び、実践に生かしていきましょう。

【参考文献】
・内閣官房子ども家庭庁設立準備室「こども家庭庁について」2022
・内閣府・文部科学省・厚生労働省『幼保連携型認定こども園教育・保育要領解説』フレーベル館、2018
・内閣府・文部科学省・厚生労働省『子ども・子育て支援新制度「なるほどBOOK」』2018年4月改訂版

Column

保育実習・教育実習のむかし

　むかしの幼稚園教育実習、保育実習は、どのように行われていたのでしょうか。ここでは、女子師範学校附属幼稚園（今でいう、大学教育学部の附属幼稚園）の様子がわかる史料から、当時の実習をうかがってみましょう。

　戦前の「保育実習」（今でいう幼稚園教育実習）は、「大多数が施設附属の幼稚園に於て実習（多くは附属幼稚園において実習〔筆者口語訳、以下同〕）」[1]を行っていました。女子師範学校の附属幼稚園などをさしているのでしょう。この附属幼稚園のもともとの目的は、幼稚園教員の養成にありました。たとえば昭和2年に設立された奈良女子師範学校附属昭徳幼稚園の「本園設立の趣意（この幼稚園を設立するねらい）」には、次のように記されています。

　　　本園は一には奈良県女子師範学校生徒の教育実習を完全ならしめ以て県下初等教育の進歩に貢献せんがために又他面我が奈良市に於ける幼稚園の完備に資せんがために設立されたものである。（この幼稚園を設立する第一のねらいは、奈良県女子師範学校生徒の教育実習を充実させて、奈良県の初等教育をよりよいものにしていくことです。もう一つのねらいは、奈良市の幼稚園教育を充実させるためです）[2]

　なかには、「保育実習」について、細かいルールを定めていた師範学校もありました。一例として山形県女子師範学校附属幼稚園（昭和2年創立）[3]の場合をみてみましょう。この学校では「附属幼稚園細則」[4]を定めており、そのなかに「保育実習生規程」を設けて、実習生が守るべき約束ごとを盛り込んでいました。

　まず実習生の「勤務時間」ですが、「始業ノ一時間前ヨリ午後四時三十分迄（実習生は保育が始まる一時間前から夕方の4時30分まで）」（24条）とあり、職員とほぼ同じ時間を過ごすよう定められていました。また、出勤したら、出勤簿に印鑑を押して、その日の実習について打ち合わせをします（25条）。万が一、病気や事故などで実習ができないときは、「欠勤届ヲ出勤時刻前ニ担任保姆ヲ経テ主事ニ差出ス（欠勤届を出勤時刻よりも前に、担任の先生を通じて主事に提出する）」（26条）ことになっており、今のように電話一本ではすまされませんでした。今もそうですが、当然ながら実習中は勝手に寄宿舎に帰ったり[5]、外出はできません。どうしても必要があるときは指導してくださる担任の先生の許可が必要でした（27条）。

　また、子どもや保護者との関わりについても注意が示されています。許可なく以下のような行動をとることは禁じられ

山形県女子師範学校附属幼稚園 運動場落成記念、昭和5年（山形大学教育学部創立百周年記念事業実行委員会編『目で見る百周年 山形大学教育学部同窓会』山形大学教育学部同窓会、1978、p.185）

ていました（28条）。

　　一、園児ノ家庭ヲ訪問スルコト（園児の家を訪問すること）

　　二、園児及其ノ家庭ト通信又ハ物品ノ贈答ヲナスコト（園児やその家族の人たちと
　　　　手紙や物のやりとりをすること）

　　三、園児ヲ同伴シテ外出スルコト（園児を外に連れ出すこと）

　　四、園児ヲ寄宿寮ニ招キ入ルルコト（園児を自分の寮に招き入れること）

　公平性という観点からでしょうか、特定の園児、あるいはその家庭と深く関わることは
戒められていました。これは今も昔も変わりありません。

　次に、指導案のことについてふれられています。「保育ニ従事スルトキハ保育案ヲ作リ
担任保姆ノ検閲ヲ受クベシ（実習中に実際に保育を行うときは、保育案を作成して、担任
の先生から点検をしていただくこと）」（29条）とあります。現在もそうですが、実習を
行う際には、前もって「保育案」をつくり、担任の先生より指導していただくことになっ
ていました。また、事後には「反省批評ヲ記入シ置クベシ（反省点や指導していただいた
点を記しておくこと）」（同条）として、その日の保育をきちんと振り返ることが重んじら
れています。また、担任の先生以外が来られて、実習生の保育を参観する機会もあったよ
うです。「担任以外ノ教官ソノ他ノ参観ヲ受ケタルトキハ当日中ニ批評ヲ請ヒ担任保姆ニ
報告スベシ（担任以外の先生やその他の人に保育を見ていただいたら、その日のうちに
批評をお願いし、担任の先生に報告すること）」（31条）とあります。ほかのクラスの先
生などが来られて実習生の保育を参観されたときは、その日のうちに指導していただき、
その内容を担任の先生に報告するよう義務づけられていました。こうしてみてみると、時
は違えど、実習に臨むときの基本的な心構えはあまり変わらないことがわかります。

【引用文献】
1）文部省教育調査部編『調査資料第七輯　幼児保育に関する諸問題』、昭和17年、p.52（国立国会
　　図書館デジタルコレクション http://dl.ndl.go.jp/info:ndljp/pid/1277340/31：2019年8月21
　　日閲覧）
2）奈良県女子師範学校編『奈良県女子師範学校三十年史』、昭和7年、p.276（国立国会図書館デジ
　　タルコレクション http://dl.ndl.go.jp/info:ndljp/pid/1443700/162：2019年8月21日閲覧）。
3）この附属幼稚園は、もともと山形県女子師範学校附属幼稚園でしたが、官立（今でいう、国立）
　　になってから山形師範学校女子部の附属幼稚園になりました。
4）山形師範学校編『山形師範学校一覧　昭和十八年度』、昭和18年、pp.63－69（国立国会図書館
　　デジタルコレクション　http://dl.ndl.go.jp/info:ndljp/pid/1461460/37：2019年8月21日
　　閲覧）。
5）師範学校の生徒は、卒業後の一定期間、教員として勤めなければなりませんでした（「師範学校規
　　程」）。そのかわり、勉強のために必要な費用が支給されており、衣食住の心配は他の学校に比べ
　　ると少なかったと思われます。「山形師範学校規則」には、「新ニ入学スル者ハ凡テ学寮ニ収容ス
　　（入学生はすべて寮に入ること）」（『山形師範学校一覧　昭和十八年度』、p.46）とあります。山形
　　県女子師範学校の第1回卒業生である藤田まさ氏の回顧にも、「全員が寄宿舎にはいる」（山形大
　　学教育学部創立百周年記念事業実行委員会編『目で見る百年誌　山形大学教育学部同窓会』山形
　　大学教育学部同窓会、1978、p.53）ようになっていたと記されています。

第 **11** 章

実習日誌を書いてみよう

＜本章で学ぶこと＞

・実習日誌の役割について学びます。

・実習日誌での時系列記録、エピソード記録の書き方について学びます。

・実習の事前・事後学習の記録について学びます。

1. どうして日誌を書くの？　―日誌を書く意義と意味―

　保育実習は、保育を体験し子どもに接しながら子ども理解を深め、学校で学んだ知識や技術を生きた知識や技術となるよう保育者としての学びを深めていく作業です。そのなかで、感じ⇨気づき⇨考えたことを記録することで体験したことを振り返り、明日につなげていく手立ての一つとして実習日誌があります。

　記録することで考えたことを可視化し、園の指導者から具体的なアドバイスをもらうことができます。また、学校に戻り事後学習で見直すことを通して振り返ることもできます。つまり、時間が経過してからも、保育実習のなかで得たことの事実を基にして、自分自身や他者との対話の手がかりとなり省察する行為を助けるのです。

　そのため、記憶が鮮明なうちに日々日誌として書くことが必要となってきます。それらの経験が保育者の役割を知り、保育観を養うことにつながっていくのです。

★ まとめ

　実習日誌の役割は？

　実践を振り返り、保育観を養う。

　　　① 記録として　　➡　**事実を詳細に書く**

　　　② 振り返りの手段　➡　**感じて書く**

　　　③ 対話の材料　　➡　**伝わりやすく書く**

★ ポイント

　◎動いて、感じて、気づいて、書く！

2. 書き方はじめ　―日誌を書くための基本事項―

ここでは、日誌を書くうえでの基本的なルールを説明します。

① メモをとる（メモの可否を事前に確認しておく）
② 個人情報に配慮する
③ ていねいに扱う（汚れやしわ、臭いに注意）
④ ペンで書く（鉛筆や消えるペンは×）
⑤ 見やすい字でていねいに、誤字脱字に注意して書く（見直す習慣を！）
⑥ 主語と述語の関係に注意する（誰が、何をしたのか明らかに）
⑦ 話し言葉でなく書き言葉で書く（文語体）
⑧ 提出する場所と時間を確認する（遅れのないように）
⑨ 注意を受けたことは修正する（修正箇所を文字の色を変えるとわかりやすい）

★ ポイント
　◉ 必要なことは、事前に確認する
　◉ 指導を受けたことは、修正する

3. 実習はもう始まっている！　―実習前の準備―

　実習日誌は、日々の日誌だけに注目されがちですが、実習の前から準備が始まります。事前準備を行い、日誌を整えることで実習への心構えもでき、課題を明確にしながら実習を進めることができます。そのことが日々の実習の体験の記録につながっていきます。

（1）園の概要

　実習園が決まったら、園や施設について調べて園の概要を書いておきます。

　とくに保育方針など調べて記載することで、日々の保育日誌の視点やその後実習案を立てるときに役立ちます。

① 　園名、所在地、園（施設）長名、職員構成、クラス構成、子どもの人数
② 　沿革
③ 　保育方針

（2）園の環境

　子どもたちがどのような環境で生活しているのか、図や絵などで記載するとよいでしょう。オリエンテーション時など、見学するときに記載しておきましょう。

① 　園全体の構造（部屋の位置など）
② 　園庭の環境構成（遊具や自然物の配置など）
③ 　担当クラスの部屋のなかの環境構成（窓や出入り口、ロッカーや棚の位置など）。また、園のまわりや地域の環境について書いておくとよいでしょう。

（3）実習の課題

　事前に実習に向けての具体的な課題を書いておきます。課題を明確にしておくことで、日々の保育実習のなかでの視点の整理ができます。①子どもの生活や遊び、②子どもの発達、③子どもの関係性、④保育者の援助方法、⑤季節や行事、⑥環境構成、⑦保護者や地域との連携の7つの視点を基本に、具体的に10～15項目くらい考えておくとよいでしょう。

4.　日誌を書いてみよう

　ここでは、いよいよ実際の日誌の書き方について学んでいきます。実習をしているなかで多くの情報が入ってきます。日誌は実習中の限られた時間や紙面のなかで書かねばならず、何を見てどのようにまとめていくかが課題となることも多いようです。基本的には、毎日立てる「ねらい」に焦点をあて、観たりまとめたりしていきます。また以下のように観ることもできます。

① 　一人の子に焦点をあてて観る。その子を中心として生活の流れや遊びの広がり方、他者との関係についてみていく。
② 　一つの「遊び」「活動」に焦点をあてて観る。「遊び」までの導入（流れ）/環境構成/使われて

いる素材や道具の種類/参加者の変化などを観ていく。

　実習の段階に合わせたねらいに沿った記録形態をとれるとよいでしょう。ここでは、代表的な「時系列記録」と「エピソード記録」を説明します。

(1) 時系列記録

　時系列記録とは、一日の時間の流れに沿って、子どもや利用者の活動、保育者や職員の援助、実習生の動きや気づきなどを書き入れていきます。観察したことを客観的に書いていきます。

　時系列記録のよさは、①一日の生活の流れを知ることができる。②生活や活動の流れを知ったうえで、責任実習案などに生かすことができることです。実際の生活の流れのイメージしやすさがあります。

★ 時系列記録の基本

【ねらい】主語は実習生（私）にします。実習生の実習でのねらいを記入します。

【時間】生活の流れに沿って、時間を記入し、活動場面ごとに時間を入れていきます。

【環境構成】環境構成が変わったら、その都度書きます。用意されている物や配置を記入します。また、この欄に、製作等の準備物も書くとよいでしょう。

【子どもの活動】子どもが実際に行っているか活動や様子を書きます。語尾は、現在進行形や過去形「〜していた」にせず、現在形「〜する」に統一します。また、子どもの活動、様子（姿）は○、・などの印で書き分けます。

【保育者の援助】保育者の実際の援助や関わり、工夫など記入します。立ち位置や言葉のかけ方、視線や表情、身振りなどをも注目しましょう。動きだけでない保育者の配慮などが見えてきます。

【実習生の動き・気づき】実習生の行動/動き（例：○テーブルを準備する）と実習のなかで気づいたこと（例：＊同じ遊びをしていても、それぞれの見方が違うことに気づいた）など印を分けて書くとよでしょう。

【点検ポイント】子ども、保育者、実習生の項目ごとを時間経過（縦軸）で追ってわかるようにする。また、その時間の活動（横軸）をたどってみてもそれぞれの意味が通じるようにします。基本的に縦軸は罫線が入って、横軸も見えない罫線が入っているイメージで揃えて書きます。そのことによって、時系列で追っていく各々の活動時間での保育内容が理解しやすくなります。

図表 11-1 時系列記録の例 1

○月○日 ( ) 天気	歳児：出席 名：欠席 名	備考：

ねらい

実習のねらいを書く。今日、自分が何を学びたいか具体的に書く。

時間	環境構成	子どもの活動	保育者の援助	実習生の動きと気づき
時間を記入	保育室の詳細を記入。場面ごとに書く。	子どもの活動を書く。主語は子ども。○活動・様子など印によって書き分ける。	保育者の援助を書く。主語は保育者。	実習生の動きと気づきを書く。主語は実習生（私）。○動き＊気づきなど印によって書き分ける。

図表 11-2 時系列記録の例 2

グループ名など記入。

○月○日 ( ) 天気	: 名	備考：

ねらい

実習のねらいを書く。今日、自分が何を学びたいか具体的に書く。

時間	利用者の活動	職員・実習生の活動	実習生の気づき
時間を記入	利用者の活動を書く。主語は利用者。○活動・様子など印によって書き分ける。	職員や実習生の援助を書く。助手的立場で一緒に援助することもある。主語は職員または実習生。	実習生の気づきを書く。主語は実習生（私）。

図表 11-3　時系列記録　保育所 2 歳児

9月5日（木）	2 歳児：出席 16 名：欠席 2 名	備考：

ねらい
　　2歳児クラスの一日の生活の流れを知る

時間	環境構成	子どもの活動	保育者の援助	実習生の動きと気づき
8：30		○登園 ・朝の挨拶をして、身支度を整える。 活動ごとに、横軸をそろえる。	・子どもの名前を呼びながら、挨拶をし、健康状態を観察する。 ・子どもの体調など引き継ぎ事項を保護者と連絡を取り合う。	○朝の挨拶をする。
	・ままごとコーナー（ままごと道具、シフォンのハンカチ、子ども用エプロン、チェーリング）	○自由遊び ・ままごと、ブロックなど好きな遊びをする。 ・ままごと用のフライパンにチェーリングを載せ、炒める真似をしていた。 子どもの遊んでいる物に注目し、気づきに記載。	・受け入れを行いつつ、子どもの安全に配慮し子どもの遊びを見守る。	○子どもの安全に配慮しながら、子どもの遊びに参加する。 ＊ままごとコーナーには、子どもがその役になりきれるようエプロンやハンカチなどが用意されていた。また、いろいろな物に見立てられるようチェーリングなどが用意されていた。
9：30 9：40		○排泄 ○手洗い ○朝の集まり ・保育者に名前を呼ばれると、返事をする。 ○おやつ ・「いただきます」をし、配られたおやつを食べる。 活動ごとに、環境図を書き入れる。ここではテーブルを追加。	・排泄を促す。 ・手洗いを見守る。 ・名前を呼び出席確認をする。 ・今日の予定について話す。 ・内容を確認し、おやつを配る。 ・子どもと一緒に「いただきます」の挨拶をする。	○排泄の着脱の手伝いをする。 ＊ズボンを自分ではきやすいように小さなベンチが用意してある。 ○おやつを配る手伝いをする。 物の位置や意味に注目し記載。

【感想・考察】＊別項で説明する

(2) エピソード記録

エピソード記録とは、一つのエピソードを取りあげ、詳細に書くことによって、子ども理解をより深めていくことができる記録の方法です。印象に残ったエピソードについて、実習生自身の関わりや感じたことを書いていきます。

エピソード記録のよさは、一日のさまざまな出来事のなかから、とくに印象に残ったことを取りあげ、振り返ることができる点です。

子どもの様子をもとに「どうして、そんなことを言ったのかな」「どうして、そんなふうに動いたのかな」など、子どもの内面の理解を深め、保育を振り返り、子どもへの関わりについて考える手立てとなります。

★ エピソード記録の基本

【エピソードを選ぶポイント】印象に残った場面を「どうして印象に残ったのか」を含めて選び出します。

【タイトル】出来事（エピソード）を象徴するタイトルをつけましょう。

【内容】内容を詳細に書いていきます。これらに枝葉をつけていきます。

① いつ	例）午前の活動時	
② どこで	例）散歩先の公園で	
③ 誰が（誰と）	例）Aちゃん（3歳）が	
④ 何を	例）木の実を見つけ	
⑤ どのように（なぜ）	例）うれしそうに	
⑥ どうした	例）拾った	

【見るポイント】①子どもの目線で見る。②子どもの気持ちで感じる、ことに注目していくと子どもの様子が見えてきます。また、「言葉（セリフ）」「表情」「視線」「しぐさ」などをよく見てみましょう。

【保育者（実習生）の援助や関わり】実習生がどのように関わったかを記載します。関わったあとの変化についても記載しましょう。

【考察】エピソードで記述した事実をもとに、自分なりの考えを書いていきます。考察の考え方については、(3) 考察で触れるので、ここでは簡単に説明します。取りあげたエピソードをもとに、そのことからわかったことを書きましょう。

図表11-4　エピソード記録の例

①心に残った理由と関わり、②「うれしそう」を事実として表現する、③子どもの言葉、④それらを通してわかったことを書く

> 「みいつけた」（3歳児Aちゃん）
>
> 　散歩で公園に行った時に、Aちゃん（3歳児）は、友達と遊ばず下を見て歩いていた。どうしてかと思い側についた①。すると顔を上げ「みいつけた」と笑顔で手をあげた②。「昨日はみつからなかった」③とひと言いった。〜略〜　Aちゃんは期待を持っていた④ことがわかった。

(3) 考察

　「考察」に何を書いたらよいかわからないという声をよく聞きます。「エピソード記録」で取りあげたように、事実をもとにして考えたことを説明していきます。「感想」との違いは、「楽しかった」「大変だった」「困った」など自分の感じたことだけで終わらないということです。自分の観察したこと、経験したこと、感じたことをもとに、考えたこと（わかったこと）などを書いていくことで、考えを表すということです。

　また、考察に書く内容を選ぶときは、基本的にはその日の実習の「ねらい」に沿ったことを取りあげていきます。

★ 考察の基本

【共有する手立て】 考察は、自分の感じたことや考えたことを記述し、その理解を深めていく行為ですが、一方で、考えたことを指導者と共有し、アドバイスをいただき、さまざまな視点を知ることも大切な要素です。したがって基本的には、相手に伝える文として「です・ます調」で書くとよいでしょう。

【事実を書く】 「ねらい」に沿った出来事を取りあげます。例）「本日は『異年齢の遊びを知る』をねらいにしました。…」などです。5W1Hを意識して書きます。また、エピソード記録で説明したように、子どもの「言葉」や「表情」を描きだすと具体的な様子が見えてきます。

　このときに、先走って「子どもはこのように思っていた」と読み取り過ぎないことです。きちんと事実を書くことにより見えてくることを整理する習慣をつけましょう。　また、事実を書き出すことで「あれ？　あのことはどうだったかな」などと見えていないこともわかります。そのことで「見る」力も養われていきます。

【実習生の関わり】 事実のなかに、実習生がどのような意図をもち、どのように関わったかを書きます。

【気づいたこと・感じたこと】 ここでは、事実のなかで気づいたことを書いていきます。今までとの考えの違いや物事が変化するときに違う考えや「なるほどなぁ」と思うことのなかに気づきがあります。つまり、発見です。

【考えたこと・わかったこと】 事実をもとに感じたこと、気づいたことをもとにわかったことを書きます。

【明日への課題】 このわかったことをもとにして、明日以降の実習の課題としていきます。①気づいたことをやってみる（関わりや援助に生かす）、②さらに「ねらい」を他の視点からも考える、③保育者像として取り入れるなどがあります。

図表11-4 考察の例

| 事実 | 本日は『異年齢の遊びを知る』①をねらいにしました。午後の室内での自由遊びでBちゃん（3歳）は、トランプを裏側にして並べて遊んでいました。私は、そのまま側で見守っていました。そこにCちゃん（5歳）が「入れて」といって入ってきました。その時Cちゃんは、トランプが裏返しであることに気づくと「裏返しだよ」と言いました。そして、「ババ抜きをしよう」と違う遊びを提案しました。すると、Bちゃんは「いいの」と言って、そのまま遊びを続けていました。Cちゃんは、私を見て②「おねえさん先生（実習生のこと）も入ったら、楽しいのに」と言いました。 |

①今日の実習の「ねらい」を取りあげる

一貫性をもって書く

③自分の関わりも書く

私はこの時すぐに「みんなで一緒に遊んだほうが楽しいかな」と提案することができずだまっていました③。するとCちゃんが、「3人でゲームをするともっとたのしいよ」「教えてあげるから」と言い、Bちゃんはその言葉をきっかけに教えてもらい、その後私も中に入り一緒にトランプをしました。

②子どもの視線を入れる

感じたこと
気づいたこと

この時、私は、Bちゃんが自分でやりたいようにすることも大事にした方が良いと考え、黙って見守りました。またCちゃんはBちゃんより年上なのでBちゃんに合わせるだろうと思っていました。しかし、Cちゃんは、自分なりの言葉で、一緒に遊びました。

考えたこと
わかったこと

このように、異年齢の子ども同士でも提案し合い、遊びが進んでいくことを知りました。また、ただ年齢の差だけで、対応せずに双方のやりたいことを理解することの大切さを知りました。

④今日の出来事をふまえ明日の目標を入れる

これらを通して、子どもと遊ぶ時には、一面的に観ずに様々な方向から見ることが大切であることを学びました。また、異年齢で遊ぶと自分がしている遊び以外の遊びを知ることができることがわかりました。

明日への課題

次は、場面に応じた仲介ができるようになりたいと思います。
明日は、異年齢同士の関わりについて学びたいと④思います。

5. 実習はまだ終わっていない！ ―実習後のまとめ―

　最終日まで無事に終わったら、実習全体を振り返りましょう。日々の日誌が書ければよいのではありません。その実習を通して学んだことを整理しておくことが大切です。

(1) 実習を終えて

実習を終えて、整理しておきたい事柄は大きく分けて3つあります。

① 総合振り返り（反省会など）

最終日に総合的に振り返りの時間をもつことでしょう。そのときは、日々聞けなかったことや改めて聞きたいことなど積極的に質問するとよいでしょう。また、アドバイスを受けることもあります。しっかりとメモを取り整理してまとめておくとよいと思います。

② 実習を振り返って

実習全体を振り返りまとめましょう。実習に行く前に立てた課題について振り返ります。どのような学びがあったのでしょうか。さまざまな体験のなかで感じたこと、考えたことを書き記しておきましょう。

学校に戻ってからの事後学習の手立てとなります。

③ 次へつなげる課題の整理

実習全体を振り返ると次の課題が明確になってくるでしょう。そのことを整理しておきましょう。実際には自分だけで課題を考えるのではなく、事後指導、評価表での振り返りなどを通して総合的に行われます。まずは、自分の課題を整理しておきましょう。

実習生が抱える実習中の悩みの一つに日誌があります。毎日、日誌を書き続けることは大変かもしれませんが、自分で、経験し➡感じて➡気づいて➡考えたことをしっかりと記録として残しておくと保育者として学びを深めることができます。また、「子どもと楽しさをともに味わいもっと楽しくなるように」、そんな視点をもって実習をすることで、日誌に書きたくなる事柄が増えていくことでしょう。

そして、この日々の記録が保育者になったときの「宝」となることでしょう。

【参考文献】
・開仁志編『実習日誌の書き方　—幼稚園・保育所・施設実習完全対応—』一藝社、2012
・岸井慶子『保育の視点がわかる！　観察にもとづく記録の書き方』中央法規出版、2017
・岩崎淳子・及川留美・粕谷亘正『教育課程・保育の計画と評価　—書いて学べる指導計画—』萌文書林、2018
・宮里暁美編『保育がグングンおもしろくなる記録・要録書き方ガイド』メイト、2018
・小櫃智子・田中君江・小山朝子・遠藤純子『実習日誌・実習指導案パーフェクトガイド』わかば社、2015
・松本峰雄監修『より深く理解できる施設実習　—施設種別の計画と記録の書き方—』萌文書林、2015
・松本峰雄監修『流れがわかる幼稚園・保育所実習　—発達年齢、季節や場所に合った指導案を考えよう—』萌文書林、2015
・相馬和子、中田カヨ子編『幼稚園・保育所実習　実習日誌の書き方（第2版）』萌文書林、2018

第12章

指導案を書いてみよう

＜本章で学ぶこと＞
- 実習において作成する指導案について学びます。
- 指導案は、実際の保育をデザインする大切な作業です。指導案の作成は、子ども理解を深めることから始まることを理解しましょう。

1. 指導案はなぜ書くのだろうか

(1) そもそも指導案とは

　指導案とは、責任（「研究」という養成校もあります）実習（部分・一日）を行う際に実習生が立案する指導計画のことです。責任実習（部分・一日）とは、一日のうちのある時間帯、一つの活動あるいは一日すべてを保育者にかわって、実習生が主となって保育を実践してみることです。指導案は、その責任実習を行うための計画ということになります。保育は、子どもの命を守り、その命を輝かせることが基底にあります。そのため、子どもに寄り添い、子どもを理解することが最も重要なことになります。子ども理解にもとづいた保育の計画の立案→計画にもとづいた実践→保育実践の評価・反省という一連の過程によって成り立っています。

　実習における指導案の作成は、子どもと一緒に生活し、一生懸命遊びながら、子ども理解を深めることから始まるということをまず理解しておきましょう。そのうえで、子ども理解にもとづいた計画の立案と実践、評価・反省を体験的に学ぶということになります。

(2) 指導案作成前に確認することは

指導案を作成する前に、以下のようなことを確認しておきましょう。

- 責任（部分・一日）実習の日程、内容
- 実習園の保育の方針をあらためて確認し、実習園の教育課程や全体的な計画、指導計画（月案・週案）を見せてもらいましょう。

◎ 実習ごとに指導案の作成が必要かどうかは、実習の事前オリエンテーションで確認すると確実に準備することができます。

◎ 指導案記載の用紙は学校指定用紙？　それとも実習園指定の用紙？　どれを使えばいいのか確かめましょう。

◎ 指導案は何部準備すればよいのか実習指導担当の保育者にたずねて、必要部数を準備しましょう。

◎ 指導案の提出日を確認して期日を守りましょう。

◎ 活動の内容は、自分なりに考えたことを実習指導担当の保育者によく相談して助言をいただきましょう。自分で考えたことができないことがあります。その場合は「何を」「どのように」すればよいかを、よく聞いたうえで指導案を作成することを心がけましょう。助言内容を反映しながら修正して完成させましょう。

◎ 活動をどんなふうに展開するのか、その手順を明確にするために実際の内容を手順どおりにやってみましょう。製作を行う場合は、事前につくってみることが必要です。

2. 指導案を作成するにあたって

(1) 指導案に記載する項目

　指導案の用紙には、さまざまな様式があります。一般的な様式は、図12-1のようなものですが、実習する幼稚園や保育所によって使用している様式が異なる場合があります。実習する施設の様式に沿って記載できるように指導を受けましょう。

　様式は異なっても指導案には、以下のような内容を記入する必要があります。以下に示す内容について確認しておきましょう。

　指導案の作成の方法（記載方法）は、園それぞれに方法があります。養成校で学んだ方法は、その一部であることを理解しておく必要があります。ICT化が進み、タブレット端末を用いて指導案を作成している園も増加しています。実習の機会を利用して、指導案記載についてさまざまな方法を学びましょう。

①子どもの姿

　日々実習するなかでとらえたクラスの様子や、子ども一人ひとりの発達、遊びへの興味や関心など整理してまとめましょう。

　実習期間内での子ども理解には限界があります。自分が見て感じとったことを指導担当の保育者に話し、子どもの様子について確認しておきましょう。

　実習前からその時期の子どもの発達の様子について学習しておくことも大切です。

【子どもの姿をとらえるキーワード】

　基本的生活習慣や園の暮らし、遊びの様子（好きな遊びや取り組んでいる保育活動・友達と関わる様子・仲間関係）などがあります。

図表 12-1　一般的な指導案の様式

○月○日（○）　○○組（○歳児）　○○名　実習指導者氏名　○○○　　実習生氏名　○○○			
子どもの姿	ねらい		
	内容		
時間	環境構成	予想される子どもの活動	援助・配慮・留意点

②ねらい

　子どもの姿から、子どもがどのような経験をしてほしいのか具体的に書きましょう。心情・意欲・態度という視点から表面的な子どもの姿だけでなく、実習中に読み取った子どもの思いや感じていることなどもとらえて考えましょう。年齢や保育形態、その時期の子どもが無理なく達成できる「ねらい」を考えましょう。子どもが主語です。

【よく用いられる語句・語彙】

　・○○○を楽しむ。　・○○に興味を持つ。　・○○○に気づく。

　・○○○を味わう。　・○○に意欲的に取り組む。　・友達と一緒に○○を楽しむ

③内容

　ねらいを達成するために、子どもが経験する内容を具体的に書きましょう。ねらいと同様に子どもが主語です。

【記入例】

ねらい：・いろいろな果物を知り、好きな果物の絵を描く。

　　　　・自分が描いたものを使って、友達と一緒にゲームを楽しむ。

内　容：・好きな果物をいろいろな色を使って自由に描く。

　　　　・ゲームのルールを知り、友達と一緒にフルーツバスケットを楽しむ。

④環境構成

　活動を行うにあたって必要なこと、必要なもの、人の関わりなどを具体的に書きましょう。空間づくりやかもし出す雰囲気、安全面の配慮なども考えて書きます。製作活動であれば、材料も書き出しておきましょう。また、提案する製作であればそのつくり方なども書いておくといいでしょう。

　環境構成図を用いて、書くとわかりやすいでしょう。

【環境構成の記入例】

① 子ども（⬤）を実習生（●）のまわりに集める
② 机は隅に寄せておく
③ 製作で使う教材を置く
　　準備するもの：はさみ・色紙・のり・空き箱
※環境構成図には、番号などつけて記入しておくとわかりやすいでしょう。
※写真を用いたドキュメンテーションでの記載を指導する園もあります。

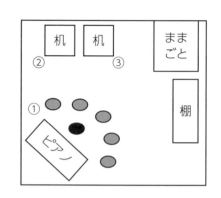

⑤予想される子どもの活動

　自分が予定している子どもの活動や生活、予想される子どもの姿などを記載します。活動を展開するので、時系列になることが多いのですが、子どもが環境にどのように関わっているか、俯瞰的（幅広く、多面的）にとらえて、具体的な姿を予想するようにしましょう。

　大きい項目と小さい項目に分けて書くとわかりやすくなります。自分なりに工夫しましょう。

【記入例】

◉ 先生が読む絵本を見る。　　・絵本の自分の好きなところに反応して思ったことをいう。
　　　　　　　　　　　　　　・絵本に出てくるおもしろい言葉などを友達と一緒に繰り返し話しよろこぶ。
◉ 片づけをする。　　　　　　・遊んでいたブロックなどを壊さずに残しておきたいことを先生に伝える。
　　　　　　　　　　　　　　・友達と一緒に散らかっている玩具を集める。
　　　　　　　　　　　　　　・友達が片づける様子を見ている。

⑥援助・配慮・留意点

　この項目は、「保育者の援助」「保育者の援助と指導上の留意点」「保育者の援助と配慮」など、名称はさまざまですが書く内容は、保育者がどのように、予想される子どもの活動・生活、予想される子どもの姿をとらえ、何を子どもに伝えたいのか、具体的に考えて書きましょう。

　子どもが主体的に活動できるような援助の方法を考えることが大切です。「なぜその援助をするのか」、意図や意味をよく考えましょう。保育者の行動（○○○を手伝う・○○○をするなど）だけを書くことにならないように注意しましょう。ダラダラと書かず、要点をつかんでわかりやすくまとめましょう。

※中心となる活動や実習生が提案する活動は、どのような手順で活動するのか、「はじまり→展開→まとめ」を考えておきましょう。「はじまり→展開→まとめ」は、予想される子どもの活動の欄に大きい項目と小さい項目に分けて書き、その項目について援助や配慮、留意点を書くとわかりやすいでしょう。

(2) 指導案でよく用いられる語句・語彙・言いまわし

指導案を作成するとき、どのように表現（書く）するとよいのか、わからなかったり、迷ったりすることがあります。指導案の項目ごとに、どのような語句や語彙を使って書くとよいのか考えてみましょう。

①ねらい・内容

・○○○を楽しむ　・○○○に気づく　・○○に興味や関心をもつ

・○○の美しさを感じる　・○○を工夫する　・○○のおもしろさを味わう

・○○に意欲的に取り組む　・○○を試したり、工夫したりして楽しむ

・最後まで○○する　・○○をとおして達成感を味わう

※教材を使いながら、子どもが考えられるようにしたり、活動に取り組みながら内容が深められるようにしたりする表現を考えましょう。また、子どもの取り組みの姿勢や心情について書きましょう。

②環境構成

・テーブルごとに○○を分けておく　・○○を用意しておく

・子どもの目にとまりやすい表示をする　・子どもが自分で選べるように並べる

※子どもが主体的に活動できるようにするための環境づくりであることを考慮した語句や語彙の使い方や、言いまわしにしましょう。

※活動開始前に準備しておくもの、活動中に子どもの様子を見ながら準備していくものなどの違いがわかるように書き方を自分なりに工夫しましょう。

③予想される子どもの活動

・絵本を読む　・先生の話を聞く　・友達と一緒に○○する（○○しようとする）

・自分の考えたことを発言する　・友達の話を聞く（聞こうとする）

・好きな表現をする（表現しようとする）

※子どもが○○するといったように、子どもがどのように動いているか、動こうとしているかという言いまわしで書きましょう。

④援助・配慮・留意点

・子どもと一緒に考える　・「○○○」と問いかけて、考えが広がるようにする

・○○に気づくように言葉をかける　・子どもにわかりやすいようにやってみせる

・子どもの気持ちを認めながら○○○する　・自信が持てるように○○する

・子どもの気持ちを十分に受け止めて、ほめるようにする

※○○について考えることができるように○○する、というように「子どもが……する」という表現を用いるようにしましょう。「○○させる」は用いません。つねに子どもが自分で考えること、試したり、工夫したりすることができるように留意しましょう。

※援助・配慮・留意点は、子どもが主体的に考えたり、動いたりできるようにする（なる）ために、保育者が子どもに寄り添いながら手助けしていく行為です。その活動の目的や援助の意図をしっかり書くようにしましょう。

3. 指導案作成のポイント

(1) 指導案の必要性

　指導案は、保育を進めるための手がかりであり、あくまでも予定です。保育者が立案したとおりに子どもを動かすということではありません。確かに子どもの前に立ち、「子どもにどのように声をかければいいのかわからない」というのが本音でしょう。実習中に出会うすてきな保育者もはじめは皆同じであったのです。「習うより、慣れろ」という先人たちの教えがあるように、自分で繰り返しやってみて、失敗しながら手応えを感じるようになるのが保育です。保育者は「保育の専門家」といわれます。子どもを育てる職人であるといっても過言ではないでしょう。

　専門性を問われる保育者にとって、保育の記録や計画、評価は必要不可欠です。指導案作成を苦手とする学生はたくさんいます。また、責任実習（一日・部分）についても緊張感や経験不足から、うまくいかないこともあるでしょう。まずは、書くことに慣れることが大切です。

　指導案の作成は、実習する学生だけではなく、子どもに寄り添う日々を送っている現職の保育者でも簡単に作成できるものではありません。日々、子どもと一緒に生活しながら、子どもの傍らで、さまざまな様子に心を傾け、子ども理解を深めながら、日々省察し、自己研鑽を繰り返しても、なかなか納得のいく計画は立てられないものです。保育に正解はなく、追求していくものであるというゆえんは、そこにあります。

　「人格形成の基礎を培う」ことについては、幼稚園教育要領、保育所保育指針、幼保連携型認定こども園教育・保育要領にも記されているとおりです。この「人格形成の基礎を培う」大切な時

期であるからこそ、子どもを育ちの過程を見とおすための計画は、大変重要な子どもを育てるための保育の道しるべになるものです。苦手意識は、すぐには払拭できませんが、おっくうがらずに書いてみる、そして、実習で指導を受けることを繰り返していきましょう。現在は、保育の記録や指導案の作成に、パソコンやタブレット端末を用いる養成校が増えています。パソコンの機能をうまく利用し、子どもの様子をとらえたり、記載の表現方法を考えたりしながら試行錯誤することが大切です。

　実習は、保育の記録や、指導案を書いたりすることをとおして、子ども理解や保育を理解することです。自分の今ある力で指導案を書き、保育を実践してみることで、保育に対するイメージを深め、経験を積み重ねながら、さらに保育に対する考え方を磨き、専門的な知識や技術を高めていくことができます。この経験の積み重ねは、実習だけにとどまらず、保育者になってからも続く行為であることを認識しておきましょう。

(2) 指導案は保育実践のためのシナリオではない

　指導案は、その計画どおりに保育を実践するためのものではないことを十分に理解しておく必要があります。計画どおりに子どもを動かす、保育をする側の思いどおりに子どもを動かすための計画ではないことをしっかり理解しておきましょう。このことを理解しないと、指導案には子どもへの指示や、指示に従うことのできない子どもへの指導になることが予想されます。これは「手のかかる子ども」「問題のある子ども」という子ども理解になることにつながりかねません。

　指導案は、指示書ではなく、保育のなかでの予想を書いたものであることを理解し、予想したとおりに進めることを目標にしないようにしましょう。あくまでも予定であり、責任実習当日、子どもの状況を見ながら、どのような行動をとるかその場で判断し、実践することです。判断基準は、その日の子どもの姿です。判断の根拠を明確にして、臨機応変に保育することができるようにしましょう。予定していた活動ができないと考えたときは、判断根拠を明確に示し、実習指導担当者に相談するとよいでしょう。

(3) 子どもの姿の把握と実習の目標設定

　指導案を作成して実践するためには、子どもと一緒に生活するなかで、まず子どもの姿を十分に把握することが重要です。しかし、実習を重ねていても、子どもの実態を的確に把握することは難しいことです。その子どもの普遍的な行動や、発達の情報がないこと、実習が始まる前の子どもの行動や様子がわからないことなどから、イメージしにくいというのが実際のところでしょう。しかしながら、指導案を作成して保育実践するためには、ある一定の子どもの姿を把握しなければなりません。そのために実習が始まったら、子どもの行動や様子について、以下のように子どもを見て内面を探ってみるとよいでしょう。

　　・誰と誰が、どこで、何をして遊んでいるか

　　・どのような人間関係があるのか

　　・環境とどのように関わっていたのか

・どのような道具を使って遊んでいたか

・その遊びのどこにおもしろさを感じていたのか
・どのような経験をしているのか
・そこでどんな育ちがあるのか

・この遊びがどんな成長につながるのか
・次はどんな経験が必要なのか
・成長を促すためにはどのような環境が必要か
・どのような援助が必要なのか

　このように、子どもの実態を把握するためには、遊びの側面と人間関係の側面を観ていく必要があります。心に響いたエピソードなどを書いてみるなどして、短期間でも、十分に子どもの実態を把握して、指導案を作成しましょう。

　子どもの姿が把握できたら、目標（保育のねらい）を立てることになります。指導案を作成して実践するためには重要なことですが、もっとも理解しづらく、書くことが難しいのが、目標（ねらい）です。一日の保育全体の目標の設定と、その活動自体の目標（ねらい）を立てることになりますが、実習での指導案では、その日の活動を中心に設定することが多いでしょう。

　目標（ねらい）は、保育場面における子どもの活動への取り組みの理想の姿を示したものです。活動をとおしてあるいは、その活動が「できるようになる（する）」というような能力を獲得するものではなく、その活動から何を学ぶのか、どんな芽生えがあるのか、「心情・意欲・態度」を形成するものでなければなりません。もっと深く知りたい、経験したことを深めたいという子どもの育ちにつながることが目標（ねらい）となります。

　目標（ねらい）には、子どもを主体としたものと、保育者が経験させたいと思っているものがあります。現在（いま）は、子どもの主体性を尊重することを重視しています。子どもがその活動をとおして、何を経験し、何を学ぶのかを考えるようにすることが重要といえるでしょう。保育者が子どもの育ちについての意図を明らかにするものでもあります。

(4) 3歳未満児の指導案

　3歳未満児の生活は、保育所保育の特性である「養護と教育が一体」となって営まれています。この特性を十分に理解して温かくていねいで、応答的な生活ができるような生活デザインになるような指導案を作成することが必要です。3歳未満児は、乳児と1歳以上3歳未満児との大きく2つに分けて考えます。乳児期は、特定の大人との深い心の絆を求めるようになります。人と情緒的につながる第一歩であることを大切にした生活が営めるように、ゆるやかな担当制をとり、担当している保育者が継続的に関わることができるように考えている保育現場が増えています。

そうした保育所の生活を考えて、複数で担任しながらも担当制で保育を行い、子ども一人ひとりに対応して指導案を作成します。

　複数担任のクラスで実習する場合は、実習生がリーダーという立場で活動を行いますが、実際は実習生を含む複数担任の保育者と一緒に保育をするということを認識し、指導案を作成しましょう。子どもも保育者も一緒に生活をするなかで、子どもの気持ちに配慮した温かいふれあいを大切にすることを重視しましょう。

(5) 3歳以上児の指導案

　子ども理解にもとづく計画を作成することが基本です。子どもに何かさせようという発想ではなく、本節の（3）でもふれたように、子どもの姿を把握し、実際の子どもの生活や遊びから、活動を考えることが必要です。「子ども理解にもとづく計画」が基本になります。

　とはいうものの、実習が始まってから子どもの姿を把握するというのは難しいことです。子どもの発達や、保育内容についての自主学習、保育教材の研究・準備は欠かせません。保育経験の少ない実習生にとっては、必ずやっておきたいことです。事前に子どもの発達、季節に合った遊びについて十分研究しておけば、実習が始まり、子どもとの関わりのなかで、子どもを理解していきながら、事前に学習した知識を活用して、子どもにあった内容を計画することができるでしょう。

　指導案は、活動内容を計画するだけでなく、保育するうえで必要な子どもへの援助についても考える必要があります。子ども一人ひとりについてよく理解していないと適切な援助ができません。「子どもの姿」は、子どもの生活と遊び、友達との関わり（人間関係）の視点で具体的にとらえていくようにしましょう。

★ 保育は「環境をとおして行う」ことが基本

　子どもの「やりたい」を引き出すような環境、子ども一人ひとりが今の自分にあった力で主体的に取り組めるような環境を工夫しておきたいものです。このことからも、子どもの今を十分にわかっておくことが必要になります。子ども自身の力を発揮して、ちょっとだけがんばってみることができるように環境を工夫しておくことが必要でしょう。子どもは、その環境からやりとげるための集中力や持続力を発揮し、やりとげた達成感や満足感を味わうことができます。こうした経験は、次の活動への意欲につながっていきます。

★ 子どもの主体性を大切にした援助を

　保育は、「保育者がさせる」のではなく、「子どもがする」ものだということを忘れないようにしましょう。どんな活動をしようと考えることが多くなる実習では、「させる」ことに陥りがちになります。生活の援助においても、子どもが主体的に動くことができるようにすることを念頭に置きましょう。子どもの生活、遊びすべての面において子どもの主体性を大切にした援助を考えることが重要なポイントです。

★ 子ども同士の育ち合いが「協同性」に

　子どもは乳児期に育んだ大切な大人との深い絆を基盤に、人間関係を広げていきます。3歳以上児になると、子ども同士の関わりはますます活発になります。幼児期の終わりまでに育ってほしい10の姿のなかには「協同性」があります。「協同性」は非常に高度な力です。大人になっても、人とのコミュニケーションは、なかなかうまくいかないものです。だからこそ、乳幼児期から仲間同士で互いに刺激し合うことができるようにしたいものです。子ども同士の関係づくりの援助は大変難しいですが、指導案にも子ども同士の育ち合いに配慮した環境づくりや援助を考えて加えたいものです。

4. 指導案の実際

　指導案の様式は、いろいろあります。時系列で記載していくものが一般的ですが、子どもの生活や遊びを俯瞰的（広い視野で物事を見ること）に見て記載することもできます。実習の記録や指導案の作成にドキュメンテーションという手法を取り入れることもありますので、事前に学んでおくとよいでしょう。実習生は、指導していただく保育者の指導のもと、指導案を作成することになります。自分で調べることができるものは調べ、わからないことは積極的に聞くなどして主体的に記載してみましょう。何度も指導していただき、何度も練り直すことで、よりよい指導案ができあがります。また、その繰り返しが、経験を積みあげることになり、子どもの姿に寄り添った指導案が作成できるようになります。

　次にあげる指導案の実際の例のなかに、乳児の個別指導案がありますが、実習生は個別の指導案を書くことはないかもしれません。保育者になって、保育所や認定こども園に就職し、乳児担当になったときは、個別の指導案を作成することになります。参考にしましょう。

　最近ではタブレット端末を用いて指導案を作成する園が増えています（ICT機器の導入）。実習する園で導入されていたら、みせていただいて、就職したときに備えておきましょう。

【参考文献】
・厚生労働省『保育所保育指針解説』フレーベル館、2018
・内閣府・文部科学省・厚生労働省『幼保連携型認定こども園教育・保育要領解説』フレーベル館、2018
・文部科学省『幼稚園教育要領解説』フレーベル館、2018

図表 12-2　3 歳未満児の個別指導案

乳児　個別指導計画の例（入所当初）

	A くん（6 か月）	B ちゃん（12 か月）
子どもの姿	＊離乳初期で、いろいろな味を味わう。 ＊哺乳瓶でミルクをしっかり飲む。 ＊寝返りをしたり腹ばいになったりして周囲の様子を気にしながら、好きなおもちゃで遊ぶ。 ＊気に入ったおもちゃに自分から手を出してとろうとする ＊一定の時間一人で遊ぶ様子が見られる。 ＊「あーあー」と、保育者を呼ぶような言葉を発する。	＊離乳食は順調に進んでいる。幼児食に移行する。 ＊自分で食べようとする気持ちが強くなり、手づかみで食べたり、スプーンをつかんで、それで食べようとするがうまく食べられない。 ＊母親と離れるときに少しぐずるが、保育者がかたわらにいると安心して遊び始める。 ＊お気に入りの人形があり、自分で取りに行って保育者に見せに来る。 ＊睡眠はまだ安定しないが、午後にまとまった午睡ができる。 ＊ハイハイで移動して、ときどきタカバイのような姿勢をして、つかまって立つ。 ＊歌や音楽に興味があり、保育者が音楽をかけると、にこにこしながら身体を動かす。
ねらいと内容	●保育者、生活環境、生活時間など、新しい環境に慣れる。 ●特定の保育者とのふれ合いのなかで安心して過ごしながら、保育者とのやり取りをよろこぶ。	●保育者、生活環境、生活時間など、新しい環境に慣れる。 ●保育者とのふれ合いのなかで安心して過ごしながら、好きなおもちゃで遊ぶ。 ●保育者と一緒に好きな曲に合わせて体を動かす。
保育者の配慮	◇おだやかに過ごすことが多いので、積極的に関わり、甘えや訴えを受け止めるようにする。 ◇特定の保育者が関わるようにし、愛着関係・信頼関係を築くようにする。 ◇握ったり、引っぱったりできる玩具を用意して好きなおもちゃで遊べるようにする。 ◇ゆったりと、視線を合わせたり、話しかけたりしながら離乳食を食べたり、安心して授乳できるようにする。 ◇子どもの生活リズムを把握して、生活リズムを整えるようにする。 ◇睡眠中の呼吸や様子をチェックする。 ◇保護者に保育所で楽しく過ごしている様子や心身の状況を細かく伝えて安心してもらうとともに信頼関係をつくっていくようにする。	◇新しい保育者に慣れず、不安を示すことが多いので、寄り添い、温かくていねいに言葉をかけたり、スキンシップを図ったりする。 ◇好きな遊びを見つけて一緒に遊ぶことで信頼関係を築いていく。 ◇好きな遊びを把握して、いつでも遊べるように準備しておく。 ◇仮眠や睡眠を安心してできるように、静かな環境を整える。 ◇安心して食事ができるようにするために、保育者の膝にのせたり、ゆったりと声をかけたりする ◇保護者に保育所で楽しく過ごしている様子や心身の状況を細かく伝えて安心してもらうとともに信頼関係をつくっていくようにする。

（A 保育所の計画を参考にして著者が作成）

図表 12-3　俯瞰的にとらえて作成する例

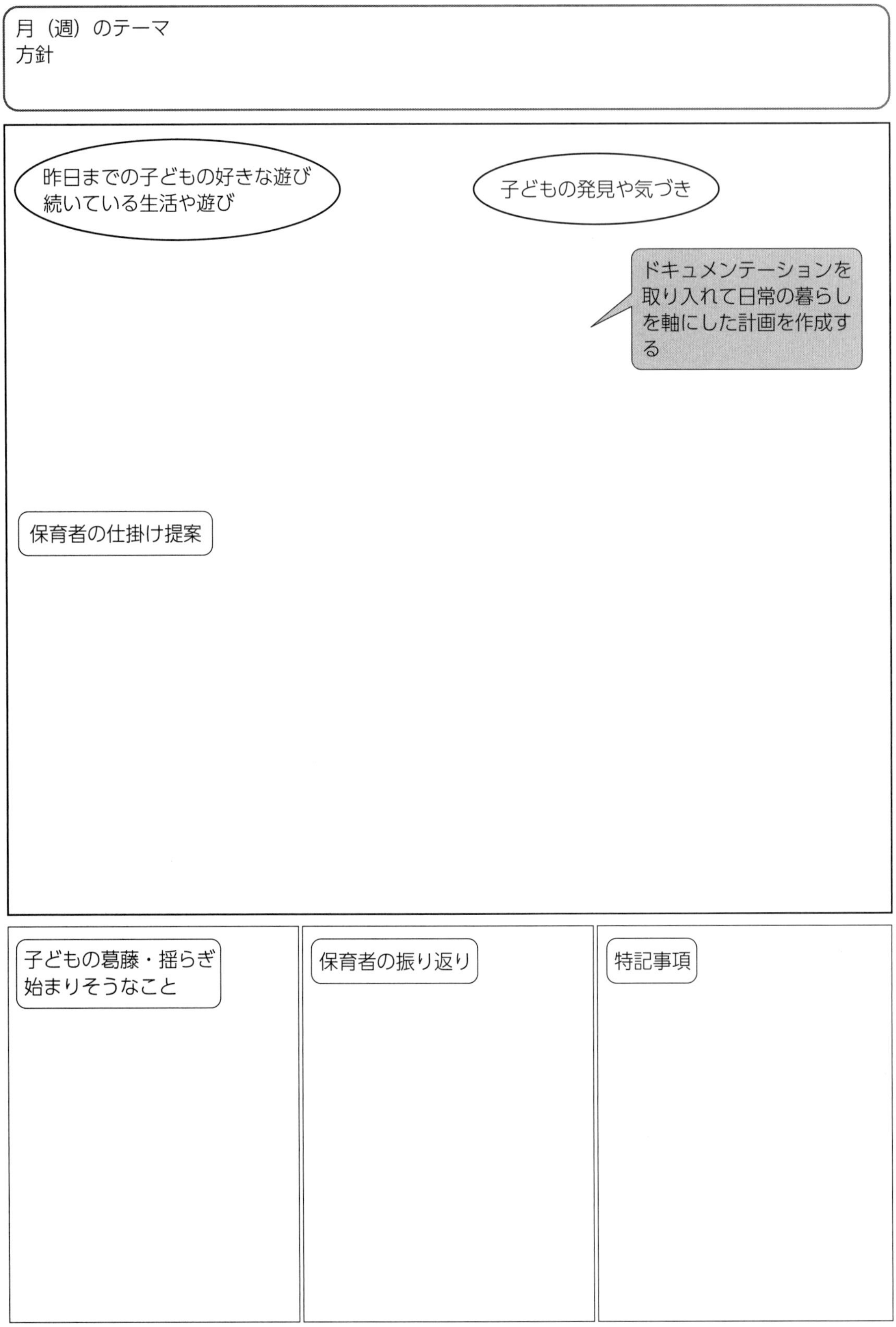

月（週）のテーマ
方針

昨日までの子どもの好きな遊び
続いている生活や遊び

子どもの発見や気づき

ドキュメンテーションを
取り入れて日常の暮らし
を軸にした計画を作成す
る

保育者の仕掛け提案

子どもの葛藤・揺らぎ
始まりそうなこと

保育者の振り返り

特記事項

図表 12-4　3 歳以上児の指導案（時系列での記載例）

3 歳以上児（保育所）の例

指　導　案（一日実習）

実習組名	たんぽぽ			3　歳児	園長印		担任印	
5　月　　28日　　　火　曜日				天候	氏名	萌　文　桜　子		
				晴れ				

ねらい	友達といっしょに好きな遊びを楽しむ 友達と交代で遊具を使うことができる	日々の子どもの姿をもとに活動で何を目標にするのか考える
内容	自分の好きな遊具を友達に貸したり、借りたりできる	ねらいを達成するために何を具体的にするのか考える

時間	保育の流れ　・　　環境の構成　・　子どもの姿		保育者の援助・配慮
9：00	順次登園する。所持品を片づける。	㋘挨拶をする。 ㋘持ち物を片づける。 机のところでカバンからタオルやコップを出して決められた所に片づける。	・明るく挨拶をして子どもが進んで挨拶できるようにする。 ・保護者からの連絡を受けたり子どもと話したり、握手などしながら子どもの体調を把握する。 ・子どもが持ち物を自分で片づけられるように声をかけたり、手伝ったりする。
9：30	所持品を片づけた子どもから好きな遊びをする。	㋘好きな遊びをする。 ㊜ブロック、ままごと、絵描き、粘土などで遊ぶ。それぞれコーナーなどにして広げておく。 ㊜天気のよい日は園庭にもいつでも遊べるように遊具を出しておく。 ※環境構成㊜、子どもの姿㋘等わかりやすく表示するとよい。	・子どもが好きな遊びを自分で選べるように遊具、用具を使いやすいように出しておく。 ・子ども一人ひとりのお気に入りのおもちゃを把握しておく ・なかなか遊びだせない子どもには何をしたいか聞いたりしながら一緒に遊ぶようにして好きな遊びが見つけられるようにする。
10：00	園庭で好きな遊びをする。	㋘戸外に遊びに行きたいという。 ㋘室内で遊びたいという。 ㋘園庭で好きな遊びをする。 　砂場で遊ぶ。ブランコに乗る。 　鉄棒や巧技台で遊ぶ。 ㋘遊具の取り合いでケンカをする。	・天気のよい日はなるべく戸外で遊べるように誘い、保育士も一緒に体を動かして遊ぶようにする。 ・遊具が順番に使えるように声をかけ、保育者も入って順番に使えるようにする。 ・子どもが自分から、友達におもちゃを貸すことができるように、さりげなく保育者もやって見せる。 ・自分が好きなおもちゃを友達に貸せない子どもには、無理強いはせず、様子を見ていくようにする。
11：00	片づけをする。	㋘みんなと一緒に玩具を決められたところに片づける。 ㊜片づける場所がわかりやすいように玩具の入れ物などに絵表示するなど工夫する。	・自分から進んで貸してあげられたときは、しっかりほめて認めるようにする。

> 環境構成を図示するときはなるべく詳しく書くようにする。図だけではなく解説も入れる。また、出してある玩具や遊具その数なども表示するとわかりやすい

> 観察時に目にとまったり、気になったりした子どもの姿を書く。一日を振り返るときの参考にして理解を深めるようにするが、マイナス面ばかりとらえない

砂場　シャベル10本バケツ3個　つき山　ブランコ　巧技台　遊具

> 環境構成等で保育者の配慮が感じられるものは細かく観察して書いておくとよい

		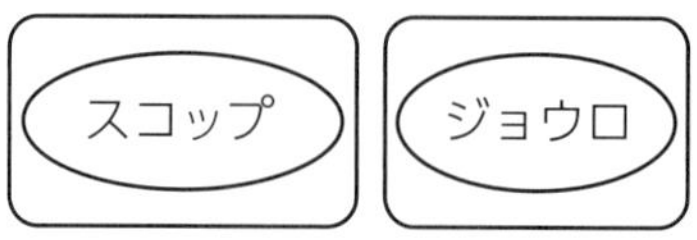おもちゃのかご スコップ おもちゃのかご ジョウロ	・表示を見せながら子どもにどこに入れるとよいか声をかける。 ・指示する言葉や命令するような言葉は使わないようにして、保育者も一緒に片づける。 ・遊びにきりがつけられない子どもには、次にある生活を話し、どうしたいか聞き子ども自身で遊びにきりがつけられるようにする。
11：20 11：30 12：00	部屋に入る 排泄する。 手洗い、うがいをする。 給食の準備をする。 給食を食べる。 給食の片づけをする。	(子)好きな遊びを続ける。 (子)保育士と一緒に排泄をすませる。 (環)手洗いうがいなど保育士がやっているところを見る。 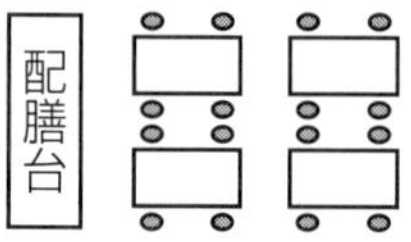配膳台 (環)一つの机に4人～5人座れるようにする。 (環)配膳台に給食を並べる。 (子)お当番活動をする。 (子)おしゃべりをしながら給食を食べる。 (子)嫌いなものを食べようとする。	・手洗い・うがいは、保育者がやって見せながら一緒に行うようにする。 ・給食の献立のことについて話しながら食べることが楽しみになるようにする。 ・「嫌い」「いやだ」を受け止め、自ら食べようとする気持ちを育てていくようにする。
中略			
15：30 16：00	降園の準備をする。 絵本を見る。 保育士の話を聞く。 降園する。 延長保育へ移行。	(子)カバンをかけて、帽子をかぶり、保育士の周りに集まる。 (環)子どもが集まりやすいようにシートを敷く。 (子)帰りの支度ができない。 (子)保育士が読み聞かせる絵本を見る。 (子)保育士の話をみんなと一緒に聞く。 (子)保育士に帰りの挨拶をする。 (環)保護者へ渡すもの、子どもに持たせるもの等準備しておく。 (子)延長保育の保育士のところに集まって延長の部屋に移動する。	・身支度を手伝いながら、「明日は何して遊ぼう」など、明日に期待が持てるような言葉がけをする。 ・さようならの挨拶を保育士から進んで行い、明日も元気に登園しようという意欲を引き出す。 ・個々に連絡事項など行い、保護者とのコミュニケーションを図る。 ・延長保育を受ける子どもの連絡事項は、延長保育担当保育士に引き継ぐようにする。
振り返り			

（筆者作成）

Column

ちょっとの準備でできる造形活動いろいろ

　実習中に造形表現の活動計画を立てることになっても、決してあわてることはありません。身のまわりをぐるっと見まわしてみましょう。園庭には、小枝や落ち葉、石、砂、土、水、風、草花、教室には、絵の具や画用紙、クレヨン、粘土、折り紙、園内には、古新聞や段ボール箱、割りばし、ストローなどがありませんか。これらは、造形素材・教材です。皆さんのアイデアで、楽しい造形活動を計画してみましょう。そのときのポイントは「色」「形」「材料（材質感）」です。同じ素材・教材でも「色」「形」「材料（材質感）」に着目して援助や指導すると、より豊かな造形体験となります。

子どもはふれることで見ることを確かめています。それが造形の土台となります。

◯ 新聞紙でかくれんぼ／1〜2歳

[準備] 新聞紙

[活動] 新聞紙を広げると、子どもはすっぽり隠れます。鬼役の保育者とかくれんぼです。「だぁれだぁ」と聞きながら、新聞紙から顔や手足を出したり引っ込めたり……。子どもは遊びを通して全身で素材を体験しています。

形をイメージし見立てることは、思いや想像を育みます。

◯ 地球に落書き／3歳〜

[準備] 小枝や石など地面に線が描けるもの

[活動] 園庭に落ちている小枝や石を使って、思いっきり地球に落書きをしましょう。長い線や大きな丸を好きなだけ描きましょう。また、線や形を継ぎ足したり、反対に消したりすると、新しい形が見えてきます。形からどんなイメージが浮かぶかな。4歳児以降は伝承遊び（「かかし」や「ひまわり」など）を通して、遊びが楽しくなる形を工夫してみましょう。

カラダのかたちをかたどることで、自分の存在の確かさを感じ取っています。

◉ カラダのかたち／4歳〜

[準備] 模造紙、クレヨン

[活動] 4歳児からは協同制作を楽しむことができます。模造紙に寝転がった友達のカラダのかたちを、みんなでなぞって写し取りましょう。色を塗って、ハサミで切り取って壁や窓に貼ると保育室がにぎやかになったね。3歳児までは保育者の援助で、手型や足型を画用紙に写し取った壁面やメダルにしてみましょう。

自然の造形をじっくり味わい、多様性と全体性を体感するなかで、豊かな感性は育まれます。

◉ くらべてみよう／5歳〜

[準備] 落ち葉や木の実、果物の種、蝉の抜け殻などの季節の産物

[活動] 形や色、材質感で並べ分けてみよう。虫食いの穴が多い順や黄色が濃い順、先がとがってる順、さわった感じが気持ちいい順など、手に取ってじっくり観察し味わうことで深い造形体験となります。保育者はテーマごとに写真を撮って印刷し、教室に掲示しましょう。みんなで振り返ると、話もはずみます。

【参考文献】
槇英子『保育をひらく造形表現（第2版）』萌文書林、2018

第13章

実習生としてのマナー・エチケット

＜本章で学ぶこと＞
- 各実習における、実習生としての心構えやマナーについて学びます。
- 各実習における準備物や諸注意、実習後のお礼状の書き方について学びます。

1. 実習の一般的心得

　実習は実際の保育現場で、子どもの様子を直接見ることができ、保育者の方々の子どもへの関わり方や配慮の仕方を学ぶことのできる貴重な機会です。これまでに講義などで学んできた基礎内容を、実際に子どもを見ながら確認することができます。そして普段受講している授業内容だけでは体験できない直接的な関わり方をしっかりと学びましょう。

　実習生は、あくまで実習期間中の限られた時間のなかだけで、子どもたちと関わることになります。それまでの子どもたちの様子や状況、家庭環境など、わからないことは当然であり、疑問に感じることも多くあるはずです。そのような状況のなか、子どもたちへの関わり方について不安があるときには、自己判断せず必ず担当保育者に質問したり、状況を報告・共有するようにしましょう。わからないままの状態で放置せず、判断に迷うことがあれば必ず保育者に相談するようにしましょう。保育者の方に直接質問や相談ができるのも、実習中ならではの貴重な機会です。大切な機会を逃さないよう努めましょう。

　また実習中は、自分の考える保育とは少し異なる思わぬ現実に直面することがあるかもしれません。自分の理想の保育観をもつことは大切ですが、まだ現場での経験を十分に積めていない状況であることを忘れてはいけません。実習生という立場をわきまえ、保育者である先輩方の保育や方法を評価したり、批判をすることは避けましょう。質問することや疑問点を相談することと、評価・批判することは異なります。実習生としての自覚を十分もち、謙虚に実習にのぞみましょう。

2. 事前準備・実習中の学び

　実りある実習を行うためには、実習に向けしっかりと事前準備をする必要があります。まずは自分がなりたい保育者像を思い浮かべましょう。どのような保育者になりたいと思っているのか、どうして保育者を目指したのかについても初心にかえり思い出してみましょう。実習中、保育者の先生方は日常の保育も行いながら、実習生への配慮や指導、反省会、毎日の実習日誌の添削や指導案に対する助言なども行ってくださいます。忙しい保育中にも関わらず、実習生のために時間を割き、後輩となる皆さんのために指導を行ってくださるのです。その気持ちに応えるべく、「保育者になりたい」という気持ちを再確認し、気力・体力ともに十分に調え、実習にのぞみましょう。

　実習前の事前準備として必要な内容を以下にあげますので、これを参考に準備を進めましょう。

(1) 実習先について調べる

　自分が行く実習先について、事前にしっかり調べておきましょう。どのような保育方針のもとで保育を行っているのか、施設はどのようになっているのか、職員数、年間行事など、オリエンテーションの際に確認したり、インターネット上で公開されていることについては、各自で事前に調べることも可能です。また同じ施設で実習を行った先輩に確認するのもよいでしょう。しかし一つ気をつけてほしいことは、先輩やほかの人からの情報というのは、あくまでその人が感じた主観が入ります。人それぞれ感じ方や受け止め方は異なるため、情報をそのまま鵜呑みにするのではなく、自分自身で判断することも大事です。同じことやものを見ても、きっと感じることはそれぞれ違いますので、自分の感覚を信じてしっかり見てほしいです。

(2) 名札をつくりましょう

　名札については各養成校での指導があると思います。また園によっては、指定の名札をつけるよう指示がある場合もあります。手づくりの名札を準備する際は、字を読める子どももいますので、平仮名で読みやすい文字の刺繍やアイロンシールを用いるとよいでしょう。名札を使って自己紹介から少し発展させた内容を行うならば、子どもの想像がふくらむような工夫をしておくと、その後の遊びにもつながります。

　また名札のつけ方についても工夫はさまざまですが、安全ピンを用いると外れた際に危険です。マジックテープを用いるか、もしくはエプロンなどに直接ぬいつけるという方法もあります。ぬいつける場合は、つけ替えができないので、数種類準備しておくとよいで

しょう。

(3) 作成物の研究

部分保育や設定保育を経験できる機会があれば、手づくりのおもちゃやペープサート、オリジナル紙芝居、パネルシアターなど、実習期間中に作成するには時間がかかってしまうものについては事前に準備しておきましょう。そして一度それらを使って実際に遊んだり、人前で実演しておくことをお勧めします。

たとえば、ペープサートを作成したとします。ペープサートを準備しただけで実際に子どもの前で行ってみると、意外とうまくいかなかったり、不足しているものなどが出てくるものです。指導案においても事前に模擬保育をするように、実際に実演したりそれを用いて遊んでみるという準備はとても大切です。

(4) 保育技術のレパートリーを増やしておく

実習期間中は、さまざまな年齢のクラスに入ることになるため、各年齢に応じた手遊びや幼児歌曲、楽器遊びや絵本、素話、歌、ピアノ曲を準備しておきましょう（幼児歌曲を選ぶ際は、子どもの発達に応じて声域は異なるため、音域を考慮した選曲をすることが大切です）。これらの技術は多く身につけておいて無駄になることはありません。多く知っていれば、それだけ子どもと遊べるレパートリーが増えるので、事前にしっかり練習し、自分の"得意"を増やしておきましょう。また、そこから発展させた遊びも考えておくと、さらに子どもとの関係を深めることができると思います。

3. 実習中の健康管理について

実習期間中は健康管理にとくに気を配りましょう。身体が健康でなければ、子どもたちと心から笑顔で向き合うことができません。まずは自分の健康状態を万全に調え、実習にのぞむよう心がけましょう。実習生が風邪をひいてしまうとそれを子どもたちに感染させてしまうことになります。反対に子どもたちから風邪やウイルスなどをもらうこともあります。毎日の手洗い・うがいは必須です。万が一発熱し体調が悪い場合は、体温計で熱を測り、実習先に必ず連絡を入れましょう。欠勤することになれば、欠勤分の実習の延長をお願いする必要があります。

また欠勤することになった場合は、必ず養成校の実習担当者にも連絡しましょう。連絡ができていないと養成校の実習訪問担当教員が、実習生が欠勤になったことを知らずに実習先を訪問してしまうことがあります。そのようなことを防ぐためにも、必ず朝一番に実習先および養成校の

実習担当者と実習訪問担当教員に欠勤連絡をするようにしましょう。

4. 実習中の通勤・出勤について

　実習中の通勤については、実習先まで徒歩または公共交通機関で行くようにしましょう。自家用車での通勤は原則として禁止です。事前に自宅から実習施設までの交通経路を確認し、通勤時間を把握しておく必要があります。場合によっては、立地が悪く公共交通機関で通勤することが困難な実習施設があります。その場合は、自家用車での通勤が可能かを事前に実習先担当者に確認し、駐車場などを確認しておきましょう。

　また出勤形態については、早出と遅出があり、実習期間中の出勤時間が異なる場合があります。早出の場合は、通常より出勤時間が早いため、早出と遅出のシフトに合わせ、公共交通機関の時刻表を確認しておきましょう。

5. 実習中の服装・髪型について

(1) 服装について

　実習中は動きやすい服装を心がけましょう。事前打ち合わせの際、確認しておく必要があります。ユニフォームがある実習先もありますし、自由な服装でよいというところもありますが、清潔で動きやすい服装が前提です。動きやすさという観点からジーンズは伸縮性があまりないため、適切とはいえません。

　また汚れたときのことを考慮し、着替えを準備しておくことも必要でしょう。実習先との事前打ち合わせにもよりますが、通勤着と仕事着は分けるほうがよいかもしれません。通勤着はスーツを着用することが無難です。実習先からそのまま保育できる格好でよい、と言われた場合は、清潔で保育者として動きやすく好感のもたれる服装を選びましょう。

(2) 髪型などについて

　長い髪はゴムなどで束ねるようにしましょう。長い前髪で顔が隠れてしまう場合は、留める、

あるいは束ねることをお勧めします。また髪の色を染めている人は、実習前には自然な髪色に戻しましょう。なぜ茶髪や染めた色から自然な元の色に戻す必要があるか、疑問に思う人もいるかもしれません。実習生は、子どもたちを送迎する保護者と接する機会もあり、実習生といえども実習園で子どもを預かる存在となるのです。そのため、社会人としてのマナーを心得ておく必要があります。

その観点から、指輪やアクセサリーも、子どもにとっては凶器になりえますので、外して実習にのぞむようにしましょう。ピアスはとても危険であるため、とくに気をつけましょう。子どもを抱き上げた際、耳元に子どもの顔が近づく可能性があります。子どもにとっても、実習生自身にとっても、とても危険です。危ないと予想できるものは、体から外しておいてください。とくに手元は目立ちます。衛生面を考慮してマニキュアやペディキュアもはずしましょう。

6. 実習中の報告・連絡・相談について

実習中は判断に迷うことやどのように対応すべきかわからないというような不測の事態が起こることが多々あります。そのときは、一緒に実習している友人や他校の実習生と話し合うのではなく、必ず保育現場の保育者の方、そして在籍する養成校の教員に相談するようにしましょう。実習生の多くから、「保育者の方に話しかけるタイミングがわからない」「忙しそうだったので」という声をよく耳にします。しかし、迷いながら一人で判断してしまうことのほうが問題です。必ず相談、連絡、報告をする癖をつけてください。社会人としてのマナーである「報告・連絡・相談＝ホウレンソウ」を今から身につけておきましょう。

7. 食事・給食・アレルギーなどについて

実習中は自分だけではなく、子どもたちや保育者の方とともに給食あるいはお弁当を食べることになります。食材アレルギーがあることを我慢してアレルギー食材を食べたりすると、かえってその対応で迷惑をかけることになりかねないため、事前に伝えておく必要があります。また持病のある方は、その症状と服薬の副作用なども事前に伝えてから実習にのぞむようにしましょう。

また実習中に子どもたちと仲良くなり、つい最後の実習の際、お土産としてあめやお菓子などの食べ物を渡してしまったという例があります。子どもたち一人ひとりのアレルギー食材を確認しないまま、口に入れるものを渡してしまうことは非常に危険です。絶対に

しないよう気をつけましょう。

8. 守秘義務について

　子どもや保護者の情報、園の保育者や職員の情報、実習中に知り得たこれらの情報は、すべて個人情報となります。

　実習中に携帯電話をもち出すことはないと思いますが、実習中だけでなく、実習後についても自分に関わった人たちの個人情報を漏らしてはいけません。最近はスマートフォンやソーシャル・ネットワーク・サービス（SNS）の普及により、LINE やメール、X、Instagram、Facebook のどれかを必ず使用していると思います。実習中はとくに友人と会えないため、実習中の情報をLINE やメールで報告し合ったり、Instagram や X などでつぶやいたり、思わず愚痴をこぼしたりという状況が増えていますが、これは絶対にしてはいけない行為です。

　実習前に皆さんには、守秘義務についての誓約書を記入してもらいます。これにより悪意がないとしても、子どもや保護者の情報について、写真をアップしたり他人に伝えたりすることは、プライバシーの侵害となります。保育現場の職員の方々についても同様です。

　情報は思いもかけない形で拡散されてしまいます。また削除したとしても、必ずどこかにその情報は残ります。これが SNS の怖さです。実習中はとくに、そして実習前後も細心の注意とエチケットを守るよう努めましょう。

9. 実習後について

（1）お礼の手紙（実習礼状）

　お世話になった園に感謝の気持ちを込めて礼状を出しましょう。実習園での生活を思い出しながら、自分自身の言葉で感謝の気持ちを込めて書くようにしましょう。

　以下に例をあげますが、あくまでこれは参考例です。自分の体験した園でのエピソードや子どもの様子、また気づきや学んだことなどを取り入れながら、オリジナルの礼状を書きましょう。

★ 実習礼状を出すときの注意事項 ★
◎いつ出すのか

　実習後は、身体の疲労や最終日の実習日誌の受け取り、また出身地（地元）などで実習を行った場合、距離を伴う移動があったりと、慌ただしい日が続くと思います。しかし礼状が実習の1か月後に届いた場合、お世話になった先生方に感謝の気持ちは伝わりません。園では毎日さまざまな出

来事が起きているため、礼状は少なくとも実習後2週間以内には届くようにしましょう。宛名は園長先生宛にしましょう。

◎便箋・封筒

　相手が目上の方や公式な手紙の場合は、白無地の便箋を使うのが正式です。そのため、カジュアルな印象を与えるイラストつきのものや、横書きのものは避け、縦書きのシンプルなデザインのものを選ぶとよいでしょう。封筒についても、茶封筒は事務手続きなどに使用される機会が多いため、礼状の場合は白無地の縦書きのものを選びましょう。

◎言葉遣いと敬語について

　話し言葉で書くことはやめましょう。尊敬語（こちら側が相手を敬う言葉遣い）・謙譲語（こちら側が相手に対してへりくだった気持ちを表す言葉遣い）・丁寧語（言葉そのものをていねいに表現することで相手に敬意をはらう言葉）の敬語は正しく使いましょう。文章はわかりやすく、敬体（です・ます調）で書きます。誤字脱字がないか、必ずチェックし、わからない言葉は辞書で調べましょう。

　また、最近は「ら抜き言葉」が日常生活のなかでも多用されています。しかし、実習日誌を記入する際や、目上の方と話をする際は、やはり正しい日本語で記入したり話したりできるようにしておく必要があります。普段の会話から気をつけておけば、こうした際の練習になることでしょう。

　一日の終わりに実習生が「お疲れさまでした」と先生方に声をかける姿をよく見かけます。学生はコミュニケーションの一環として挨拶をしているのだと思いますが、本来、目上の方に対して「お疲れさまでした」は不適切です。そのひと言を「今日もありがとうございました」に変えて使ってみてはいかがでしょうか。お互いに気持ちのよい言葉だと思います。

　以下によく用いられる謙譲語、尊敬語をリストアップしておくので、参考にしてみてください。

図表13-1　頻度の多い謙譲語、尊敬語

普通の言葉	謙譲語	尊敬語
言う	申す、申し上げる	おっしゃる、言われる
聞く（聴く）	伺う、拝聴する、承る	お耳に入る、お聞きになる
受け取る	拝受する	受け取られる
食べる	いただく、頂戴する	召し上がる
見る	拝見する	ご覧になる
来る	伺う、参る	いらっしゃる、お越しになる
もらう	いただく、頂戴する	お受け取りになる、お納めになる
思う	存じる	思われる

（2）在籍する養成校の実習担当者への報告

　皆さんが実習している期間、在籍している養成校の実習訪問担当教員が実習先に巡回指導に行きます。その時に実習中の様子や悩み、課題や不明なこと、体調の変化など、訪問担当教員に相談しましょう。それをふまえ訪問担当教員も、学生の様子を把握し、実習先の指導担当者に実習生について説明をしたり対応が必要な場合もあります。そのため実習後には、訪問担当教員に巡回指導に来ていただいたことへの感謝を伝え、実習について報告をするようにしましょう。

　訪問担当教員は、施設の職員や実習指導担当者と、実習生についてよかった点や課題などを話し合っているため、その話を聞くことは、自分の実習の振り返りにもつながります。次回の実習や保育現場に就職する際に生かせることが多くあるので、訪問担当教員の助言をもらい、今後につなげていきましょう。

【参考文献】
・太田光洋（編著）『幼稚園・保育所・施設実習完全ガイド　準備から記録・計画・実践まで』〈第2版〉ミネルヴァ書房、2015

Column

よくわかるお礼の手紙の書き方

　実習後のお礼状の書き方を紹介します。第13章で解説した内容をふまえながら、150ページのお礼状の例を見て、①〜⑤の手順で書いてみましょう。

①時候のあいさつ

　「拝啓」で書き始めて、時候のあいさつ（季節のあいさつ）が続きます。

②実習のお礼

　実習をさせていただき、指導していただいたお礼を述べましょう。

③心に残ったエピソード

　自分が経験したことや、学んだことを詳しく書きましょう。

④今後の抱負と挨拶

　実習で学んだことを生かしてがんばるという決意を伝え、結びの挨拶を書きます。「拝啓」で始めた手紙は、「敬具」で終えましょう。

⑤後づけ

　最後に日付・自分の名前・宛名を書きます。

　園の先生方は、年間に何人もの実習生を受け入れます。実習生が送ったお礼状を読んで、どの実習生も同じようなことを書いているとどんな気持ちになるでしょうか。「例文を写しただけ」とがっかりされるかもしれませんね。子どもと遊ぶことが楽しかった人、設定保育で失敗してしまったけれどだからこそ勉強になったと思う人、行事の時期に実習があって普段とは違う子どもの様子を見ることができた人……実習で経験することや学ぶことは人それぞれです。ここをしっかり考えて書くことで自分のオリジナルのお礼状になり、お礼の気持ちもしっかりと伝わります。

　お礼状の書き方は、書籍やインターネットなどで調べるとたくさんの例文が出てきます。挨拶や結びのところは調べたものをまねして書いてかまいません。しかし、「③心に残ったエピソード」は、しっかりと考えて自分の言葉で書きましょう。

◎お礼状参考例

本文

拝啓

※時候の挨拶（六月下旬版）

木々の緑の深みも増し、夏めいてまいりましたが、○○園におかれましては、園長先生をはじめ、先生方にはおかわりなくお過ごしのことと存じます。

この度の○○実習（実習種類を記入、以下同様）では大変お世話になり、ありがとうございました。心よりお礼申し上げます。

今回、○○実習としてはじめての実習であったため、緊張もありましたが、園長先生をはじめ、先生方の温かいご指導のおかげで充実した実習を行うことができました。特に～

※心に残ったエピソードを入れる

・実習を通して学んだこと
・子どもたちとの関わり、行事、とくに印象に残ったエピソードについて
・これからの抱負等

○○実習を通して、保育の重要性と責任を学ぶと同時に、保育者の先生方の子どもに対する配慮や視点を間近で学ぶことができました。〜〜〜

今回の実習での貴重な学びを生かし、これからも頑張りたいと思います。本当にありがとうございました。

季節の変わり目ですので、気温差が激しいですが、お風邪など召されませぬようご自愛くださいませ。

敬具

令和○年○月○日

○○大学○○学部○○学科○年

自分の氏名

○○園

園長○○○○○様

諸先生方

（安氏洋子作成）

封筒

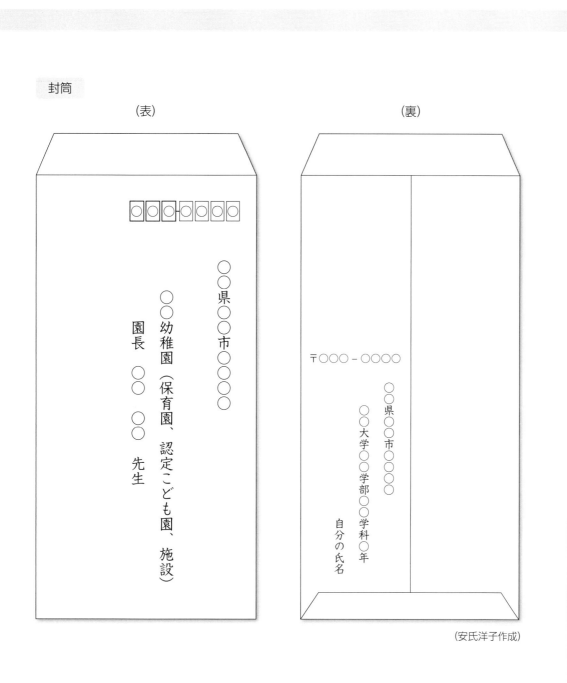

（表）

〇〇県〇〇市〇〇〇〇

〇〇幼稚園（保育園、認定こども園、施設）

園長　〇〇　〇〇　先生

（裏）

〒〇〇〇 － 〇〇〇〇

〇〇県〇〇市〇〇〇〇

〇〇大学〇〇学部〇〇学科〇年

自分の氏名

（安氏洋子作成）

第 **14** 章
実習での子どもやほかの保育者との関わり

＜本章で学ぶこと＞

- ・各実習の子どもとの実践事例を通して実習生としての関わり方を学びます。
- ・ほかの保育者との実践事例から多職種や他機関との連携を視野に将来の理想的な保育者像を学びます。

1. 実習での子どもとの関わり

　実習中、実習生にとっての一番の関心事は、もちろん子どもたちです。そして、その子どもたちを保育している保育者との関わりもまた、重要な学びの場となります。実習中に起こるさまざまな子どもやほかの保育者とのやりとりを通して、その一瞬ごとの子どもの思いや保育者の思いを予想し、その思いを支えられるように自分の行動を考えて関わっていく過程を実際に経験することが大切です。

　ここでは、実習での子どもをはじめ、ほかの保育者との関わりについて、場面ごとの事例をとおして実習生としての考え方を深めていきましょう。

　各実習をとおして繰り広げられる子どもとの事例を【**子どもの思いを予想する**】と【**実習生としての関わり方のポイント**】、さらに【**実習生としての学び**】に整理しながら、実習生としての関わり方を学んでいきましょう。

(1) 各実習での子どもとの関わり

事例1（保育所実習）なんでも「イヤイヤ」、Aちゃん
（2歳児、女児） 　2歳児のクラスに配属された初日、ままごとセットで遊んでいたAちゃん。「おいしそうな、たまご焼き」と声をかけると①「イヤイヤ」という。何かを探しているAちゃんに「はい」とおなべを渡そうとしたら②「イヤイヤ」とまたいわれる。そのおなべを近くに置いておくと、しばらくしてから使いだす。片づけの際は「片づけの時間だよ」の声かけに、こちらの方を向きながら③「イヤイヤ」、そこで「一緒に片づけようね」と誘っても、笑顔で④「イヤイヤ」。しかし、手は動いていて、ままごとセットを少しずつ片づけている。 

【**子どもの思いを予想する**】このような事例は、よくあります。まず、子どもの思いを予想してみましょう。そこで、Aちゃんが発した「イヤイヤ」に注目してみます。①の「イヤイヤ」は、はじめて見る実習生にとまどっている様子が考えられます。また、2歳児の発達特性の一つである「自我の現れ」として「自分とは違う」という意味で「イヤイヤ」を発しているのかもしれません。

【**実習生としての関わり方のポイント**】このような場面では、「はじめまして、○○といいます。よろしくね」とあいさつをしながら、「安心していいよ」という思いを伝える意識で関わるようにするとよいでしょう。

【**子どもの思いを予想する**】②の「イヤイヤ」はどうでしょう。①の不安は、まだ残っているかもしれませんが、しばらくするとおなべを使いだす様子から考えると、「今はまだおなべは使わないの」という意味が込められているように感じます。

【**実習生としての関わり方のポイント**】この場面では「そのタイミングだったんだね。ちょっと早かったな、次はぴったり（のタイミング）に出すから教えてね」と、Aちゃんの行動を肯定しながら一緒に遊ぼうという意味を込めるとよいでしょう。さらに、「実習生の私を受け入れてください」とのメッセージも併せて伝えられると、さらにAちゃんの安心感が増すように思います。

【**子どもの思いを予想する**】③④の「イヤイヤ」は、片づけたくないという気持ちはありつつも、「こちらのほうを向いて」「笑顔で」という行動を示していることから、実習生の反応をうかがっている姿が目に浮かぶことでしょう。これは少しずつではありますが、実習生を受け入れ「これからも一緒に遊んでください」というように、実習生とコミュニケーションを図ろうとしている姿と見てとれます。

【**実習生としての関わり方のポイント**】この場合は、「これから、楽しい遊びをたくさんしようね」との思いを込めて、笑顔を返しながら一緒に片づけを行うことが望ましいと考えます。

【**実習生としての学び**】このように、同じ「イヤイヤ」でも、さまざまな思いがそこには隠れていることを知っておいてほしいのです。とくに乳幼児の場合は、笑ったり泣いたり、手足をバタバ

タさせたり、喃語や一・二語文など、数少ない言動を駆使して自分の思いを、私たちに表わしていることを読み取っていくことが重要になります。

事例2（幼稚園実習）けんかするほど仲がよい、Bくん、Cくん、Dくん

（4歳児、男児）

　年中クラスに配属された際、ことあるごとにけんかをしていたBくん、Cくん、Dくん。ブロック遊びでは、はじめは隣どうしで別々に遊んでいたものの、3人とも「青」ブロックがほしくなり、ブロックを投げ合うけんかに発展。砂場では、一緒に山をつくっていたものの、山の高さやトンネルの深さで取っ組み合い。収穫したさつまいもを運ぶ際には、誰がもつかで、さつまいもの引っ張り合い。一日に何度もけんかを繰り返す3人だが、集まるときや遊ぶときは、いつも一緒で隣どうし。

【子どもの思いを予想する】この事例も実習場面ではよく見られます。子どもの思いを予想してみましょう。まず、ブロック遊びでは、別々に遊んでいた状態から「平行遊び」の段階だと想定されます。その状況下で、ほしいブロックがたまたま重なってしまったことから起こったけんかだと思われます。4歳児の発達特性は「自我との葛藤」の時期であるため、ゆずり合いの精神も芽生えつつ、まだ「自分がやりたい」との思いとの狭間で葛藤している状態です。つまり、3人とも「ゆずりたい」気持ちと「自分のブロックを完成させたい」との思いが交錯しているものと思われます。

【実習生としての関わり方のポイント】この場面は、まず「Bくん、Cくん、Dくんも、青のブロックがあるとうれしいんだね」とお互いの気持ちを代弁することが第一歩だと思います。「ほしい」という感情は、自然にわくものであって別段悪いことではありません。子どもたちの思いを肯定することで、安心感が生まれ、興奮している状況から冷静になる一つのきっかけにつながると考えられます。

　次に「この青のブロックは一つだけだね。先生は、ここに別の赤のブロックが入ると、また違った模様になってすてきだと思うよ」との提案を3人に行うこともあるかと思います。しかし、その際は「受け入れられなくても当然」との思いで提案することがポイントです。子どもたちは「自我の葛藤」を行っている最中ですので、ほかの意見を受け入れるほどの余裕があるとは限りません。そのうえで、今回は気づくことができなくても、次の機会に向けて違った解決の方法もあるということを知るきっかけづくりになればとの思いで伝えることが大切です。

　ただし、ブロックを投げ合う行為は、人を傷つけてしまう可能性のある行為です。すぐに制止してしまいがちですが、一方、自分の行動を自制する心を育てるチャンスであるとも考えられます。さらに、4歳児の発達特性の一つとして、物にも心があるように感じる「アニミズム」の育ちがあります。そのため、ブロックが比較的柔らかく、また投げ合ってもブロックが届かずにけがが起こりにくい状況が確認されている場合は、「ブロックが『痛い』といっているよ」と声かけ

することで、子どもたち自身が自分の行動への気づきになり、結果として「人にブロックが当たると「痛い」し、けがをしてしまうかもしれない」という感情も、改めて思い起こしていく過程につながってくれればよいと思うのですが、皆さんはどのように考えますか。

【子どもの思いを予想する】また、砂場では同じ工程を一緒に行う「共同遊び」に発展していて、お互いが思い描いている「山」や「トンネル」の不一致が起こっている状態だと考えられます。

【実習生としての関わり方のポイント】「取っ組み合い」の状態は、けがをしやすい状態と考えられますので、まずはお互いを引き離したうえで、お互いの思い描いている像を代弁して伝えていくことが望まれます。

【子どもの思いを予想する】収穫したさつまいもを運ぶ場面では、お互いに運びたい気持ちが重なっているものと想定されます。

【実習生としての関わり方のポイント】一連の作業を協力して行う「協同」への意識を芽生えさせるよいチャンスととらえます。「一緒に運んでほしいな」と提案することで、3人で運ぶ工夫の余地をつくることができるように思います。

【実習生としての学び】このように、いつも衝突しがちなBくん、Cくん、Dくんですが、3人はいつも行動をともにしています。つまり、本心では仲のよい3人だと思われます。「自我の葛藤」の間で試行錯誤しながら、お互いを必要としている姿を感じます。3人のやりとりをとおして、ともに成長していく姿をじっくり見守っていく姿勢が望まれます。

事例3（施設実習）実習生のそばから離れないEさん

（14歳児、女児）

　児童養護施設での実習の際、担当したのが中学2年生のEさん。実習初日、担当のあいさつをしてからずっとそばにいるEさん。実習3日目、ほかの利用者と話していると、その間に割って入るEさん。実習5日目、Eさんの宿題を見ていた際に職員に呼ばれて一時離席。再び戻ってきたところ、シャープペンシルが見当たらない。翌日、Eさんが「シャープペンシル」といって渡してくれた。

　以降、実習終了まで、べったりそばにいて離れない状態が続いた。実習最終日には、Eさんは大泣きしながら離れようとせず、退勤の際には手紙を渡され、「必ず、返事をちょうだいね」といわれた。

【子どもの思いを予想する】この事例は、児童養護施設での出来事の一つです。子どもの思いを予想してみましょう。まず、実習を通してずっとそばにいたEさんは、「担当＝自分のそばにいてくれる大人」と解釈していると思われます。児童養護施設にいる子どもたちは、愛情表現が苦手であったり、愛情を強く求めたりする傾向が予想されます。また、愛情を何度も確認する行動も見られることがあります。いつもそばにいてくれる大人がほかの利用者と話していることは、「自分のことを見ていてくれない」と考えてしまったのではないでしょうか。「そのことをわかってほしい」という意味を込めて「シャープ

ペンシル」を通して伝えたかったのではないかと予想されます。

【実習生としての関わり方のポイント】「（シャープペンシルが）なくて困っていたけれど、見つかってよかった。ありがとう」と簡潔な言葉で感謝の意を伝えることがよいと思います。なぜならば、一連の応答が愛情表現の強化の一つとなり、「なくなる―探す―会話できる」の道筋をもとに、「実習生との関わりが多くもてる」という気持ちを抱くことが考えられるからです。14歳という年齢を考えれば、ことの分別がある程度わかっている状況と想定されることから、過度な感謝の意を表現するというよりは、簡潔な表現で伝えることで、「年齢相応に接している」意識を伝えていくことが大切ではないでしょうか。一方で「Eさんとの関わりを通して施設職員の仕事内容を学んでいる」ことを伝え、「担当＝Eさんだけをお世話をする大人」ではないということを理解してもらえるように努力する必要があります。そのうえで「Eさんとの関わりを大切にしていきたい」と伝え、信頼関係を築いていくことが大切です。

【子どもの思いを予想する】また、手紙はEさんの思いが詰まった大切なものです。実習期間中、Eさんにはどのような楽しい思い出ができたのか、考えてみましょう。さらに実習中、Eさんに自分は何ができたかを振り返ってみましょう。

【実習生としての関わり方のポイント】最後に、Eさんの思いを感謝しつつ、実習の締めくくりとして「今日をもってEさんの担当は終了する」ことを自覚する必要があります。実習終了後に郵送する施設の御礼状とともに、Eさんをはじめ実習中に関わった利用者に向けた御礼状も併せて用意することで、Eさんにとってよい思い出になるようにするとよいでしょう。くれぐれも、Eさんのみと連絡を取り合うような姿勢は避けてください。

【実習生としての学び】このように、愛情を強く求めるあまり、実習生を独り占めにしようとしたり、どこまでなら自分のしたことが許されるのかを試そうとする「お試し行動」が行われたりすることがあります。そのため、子どもたちには「様子を見ている」「見守っている」という姿が感じられるような関わり方の工夫が必要です。

事例4（施設実習）予定が変更されると不安になるFさん

（17歳児、男児）

医療型障害児入所施設での実習の際、担当したのが特別支援学校高等部3年のFさん。車椅子で移動しているFさんは、学校から戻ってきたら制服から普段着に着替え、机の引き出しにあるメモ帳を出して絵を描いている。実習3日目、いつものように学校から戻ってきたFさん。しかし、今日は施設での誕生会があり、指導員から「カバンをロッカーにしまい、ホールに集まって」という指示があった。制服から着替えたものの、その場から動こうとしない。しばらく様子を見守っていたが、動く様子がないので「ホールに集まるんだったね」と声をかけてみた。しかし、うつむいて黙ったままであったものの、私の手を握ってきた。職員も来て再び声をかけたが動かず、結局は誕生会が終了するまでそのまま動かなかった。その後、予定が変更になるたびに、そばに来て手を握るようになった。

【子どもの思いを予想する】この事例は、障害のある子どもとの関わりの一つです。子どもの思

いを予想してみましょう。まず、学校から戻ってきてからのEさんの過ごし方は「①制服から普段着に着替える、②机の引き出しからメモ帳を取り出す、③絵を描く」といった一定のルールが存在することがうかがえます。そのルールが「誕生会」という行事によって変更が余儀なくされ、「その場から動こうとしない」という行動になったことは想定されるでしょう。この「動かない」行動は、「ホールに移動することはわかっているものの、いつものルールを変更することに違和感を感じ、自己統制を行っている最中」と考えることもできます。ルールを保持しようとすれば、机に移動して引き出しからメモ帳を取り出して、絵を描く行動をすると思われます。その行動が見られないのは、まさに気持ちの折り合いをつけようと葛藤している状態だと想定されます。

【実習生としての関わり方のポイント】 このような状態は肯定できる状態、つまり、「見守っていく状態」であると思います。次の行動が表出するまで、見守っていくことが求められます。その際、「ホールに集まるんだよね」という声かけは、「自分のことをわかっていない」ととられかねません。そのため「がんばっている様子をわかってほしい」という願いを込めて「手を握る」という行動を示したものと思われます。この時点でもし、「がんばっているね」と声をかけたとしたら、Fさんは「自分の今の状態をわかってくれた」と感じ、安心して次の行動がとれるのではないでしょうか。その後も「手を握るようになった」との部分から、「自分の置かれている状況をわかってほしい」との思いが隠れているように思われてなりません。一方、「手を握る」行為が、安心感から好意を寄せる感情に移る場合も予想されるため、そのような感情に気づいたり、感じたりした場合は、すぐに職員に伝えることが大切です。

【実習生としての学び】 このように、障害のある子どもであっても、自分で考えたり試行錯誤したりしながら、ゆっくりと成長し続けているのです。実習生は、子どもの様子をじっくり観察し、現在どのような部分が成長過程にあるのかについてワクワクしながら見守っていく姿勢が大切です。

(2) 実習での子どもとの関わりの心構え

前の（1）では、各実習を通して繰り広げられる子どもとの事例を整理して、実習生としての関わり方について学んできました。これらの関わりから、ここでは、すべての実習に向けて子どもと関わるうえでの心構えについて考えていきましょう。

実習での子どもと関わるうえでの心構えは、次のことを大切にしていきましょう。

◎ 子ども一人ひとりは、かけがえのない大切な存在である
◎ ありのまま、丸ごと受け入れる
◎ 個と集団の育ちを考える

一つ目は、子ども一人ひとりは、これからの未来に向けて、これまでの社会を支えたり変化させたり、また発展させたりと縦横無尽に無限な可能性を秘めています。まさにかけがえのない大

切な存在です。実習生は、その可能性に向けて、ワクワクしながら見守っていく姿勢が求められます。

　さらに、輝かしい未来に向けて、子ども一人ひとりの可能性を信じ、ありのままの原石として丸ごと受け入れていく姿勢も大切です。

　最後に、その原石の輝きがほかの原石の輝きと重なりつながっていくことで、新たな可能性を見いだしていけるものと考えます。子ども一人ひとりが輝くことで、その個が集まる集団はさらに輝きを増していくのです。

　このようなことから、実習は、子どもの輝かしい未来を支える一翼を担うことでもあることを自覚して、子どもたちの成長を引き出す関わり方をおのおので考えて自ら工夫しながら取り組むようにしてください。

2. 実習でのほかの保育者との関わり

　次に、実習を通して繰り広げられる関わりは、子どもだけと限ったことではありません。子どもに寄り添う保育者との関わりも重要です。また、保育者のほかに、子どもの保護者、栄養士、病院など他職種や他機関の職員もまた、保育者の一人と考えられます。あいさつや礼儀などの基本的な関わりを通して、保護者はもちろん、他職種や他機関と連携し合える将来の理想的な保育者像を形成する際の学びにしていくことが重要です。ここでは、ほかの保育者との関わりについて事例を通して【背景】や【実習生としての関わり方のポイント】【実習生としての学び】について考えていきましょう。

(1) 保護者との関わり

<table>
<tr><td>事例 5 （認定こども園）相談を始める 3 歳児男児の保護者 G さん</td></tr>
<tr><td>

　3 歳児のクラスに配属された折、登園や帰園の際、教室や園庭を掃除する役割を担いながら送迎に来られた保護者に大きな声で「おはようございます」「こんにちは」と元気よくあいさつをするように心がけていた。
　実習 8 日目、いつものように保護者にあいさつをしていたところ、3 歳児男児の保護者 G さんに「うちの子が先生のこと、大好きでよく遊んだことを話してくれるんです」と話してくれた。「うれしいですね」と返答したところ、「実はうちの子、頑固なところが出てきて、困っているんです……」と相談を始めた。
</td></tr>
</table>

【背景】実習生の仕事の一つとして、保育室や園庭の掃除などの環境整備があります。これも、子どもが安全・安心して過ごせるような環境とはどのようなものなのかを学ぶよい機会の一つとなっています。その際、送迎で来られた保護者と会う機会があると思います。事例のように、実習生も「実習先の職員の一員」としての自覚をもち、子どもとともに保

護者にとっても居心地のよい場所であるよう、心を込めて大きな声で元気よくあいさつする必要があります。3歳児男児の保護者Gさんもその気持ちを感じ取っているのではないでしょうか。そのため、つい相談を始めたと思われます。

【実習生としての関わり方のポイント】 この場合、「実習生ですので、担任の先生をお呼びしますね」と応対し、速やかに担任の先生に引き継ぐことが重要です。先ほども述べましたが、実習生とはいえ「実習先の職員の一員」であるため、その回答が「実習先全体（園）の回答」とも受け取られる可能性があります。「子どもが友達とけんかしていた」「子どもが転んで足を擦りむいた」など、子どもに起こった出来事については、クラスの責任をもつ担任から話してもらうように引き継ぐことが実習生の役割となります。また、「担任の先生にはちょっと……」といって違う話を始める保護者もいます。この場合でも、保護者が帰ったあと、速やかに相談のあった事実を担任に報告することが求められます。

【実習生としての学び】 このように実習生は「実習先の職員の一員」としての自覚をもち、元気よく大きな声であいさつして、子どもや保護者の居心地のよい環境整備を担うように関わるとともに、実習先で起こった子どもの様子や相談などは、責任ある保育者に引き継ぐようにしてください。

(2) さまざまな職種や機関との関わり

事例6（児童発達支援センター）5歳児男児Hくんの就学について

　児童発達支援センターでの実習の際、5歳児男児Hくんのみ、ほかの子どもと違って給食の形態が刻み食であった。また、近隣療育施設の作業療法士が来て、Hくんの給食の様子を観察しながら、摂食指導を行う場面も観察できた。
　その後、Hくんの就学時の給食に関するケース会議を見学する機会があった。ここには、担当保育士のほか、栄養士、保護者、就学先の学校教員と養護教諭、近隣療育機関の作業療法士などが参加していた。

【背景】 障害のある子どもには、個々に応じて関わり方も工夫されています。Hくんの場合は、給食の場面が該当すると思われます。栄養士はHくんのために刻み食を提供しています。また、近隣療育施設の作業療法士より摂食指導も行われています。とくに障害のある子どもには、その子どもを通じて、さまざまな職種や機関が関わり合って保育している様子が見られます。さらに就学に関して、各施設に応じて関係職員をはじめ、関係機関との連携を図るため、たびたびケース会議が行われます。

【実習生としての関わり方のポイント】 その際に、実習生もその会議を「見学」できる場合があります。「見学」には、目の前で進行される状況を直接意見したり関わったりすることなく、その様子を見ながら、その本題は何か、自分だったらどのように考えるかなど、自分の学習を深め学んでいくという意味も込められています。

【実習生としての学び】 このように実習生は、同じ「保育する一員」としての自覚をもち、あいさつや礼儀などの基本的な関わりを通して、さまざまな職種や機関との職員がまさに連携し合っている姿を学んでいきます。さらに、その場の雰囲気を感じている体験を材料にして、保護者はもちろん、他職種や他機関と連携し合える将来の理想的な保育者像を形成する際の学びにしていくことが重要です。

(3) 実習でのほかの保育者との関わりの心構え

前の（1）（2）では、子どもを保育するなかで、保護者や栄養士、病院など他職種や他機関の職員との事例を整理して、ほかの保育者との関わり方について学んできました。これらの関わりから、ここでは、ほかの保育者と関わるうえでの心構えについて考えていきましょう。ほかの保育者と関わるうえでの心構えは、次のことを大切にしていきましょう。

- ◎ 一人ひとりの専門性を尊重する
- ◎ 同じ思いや願いを共有する
- ◎ つながりを意識する

一つ目は、保護者は自分の子どものことを一番よく知っている専門家といえます。ほかの職種や他機関の職員も、それぞれ専門領域に精通している人たちです。おのおのの専門性を生かして、目の前の子どもの成長を支えています。さらに、目の前にいる子どもの成長を支えるうえでは、その子どもに関わるすべての人たちは、保育者の一人であり、また同じ思いや願いを共有することで、子どもにとって安心・安全が保障されていくのです。

最後に、それぞれの専門家である保育者同士が手を取り合い、つながっていく意識が子どもの安心・安全な成長を支える環境となるのです。

このようなことから、実習は子どもの安心・安全な成長を支えられるよう、保護者はもちろん、他職種や他機関と連携し合える将来の理想的な保育者像を形成する際の学びにしてください。

【参考文献】
・教育・保育実習を考える会編『改訂版　幼稚園・保育園実習の常識　成果を上げるポイント66』蒼丘書林、2011
・田宮緑『体験する・調べる・考える　領域　人間関係』萌文書林、2013

Column

これで大丈夫！　ピアノの弾き歌い

　ピアノの弾き歌いは、保育の現場で必要になるだけではなく、就職試験で課される場合もあり、保育者を目指す皆さんにとって避けて通れないものの一つです。

　保育におけるピアノの弾き歌いは、自分が弾ける範囲のものを確実に弾くこと、そして子どもたちをリードするような歌唱、伴奏が必要という点で、一般的なピアノ演奏とは少し異なります。ここでは、ピアノが得意な人も、そうでない人にも共通して覚えておきたい弾き歌いに安心して取り組むコツをまとめます。

◉緊張をやわらげるために

　音楽において、適度な緊張が演奏の質をあげることは、すでに多くの研究で明らかにされています。緊張をある程度受け入れ、「自分が緊張したらどうなるか」を知っておくことだけで、ずいぶん気持ちが楽になります。

　たとえば、緊張によってテンポが速くなる人と遅くなる人がいます。自分はどちらのタイプかを知っておけば、演奏前に「今日は緊張していて速くなるから、遅いと思うくらいに弾こう」などと意識できます。また、緊張からくる現象で多いのが手の震えですが、これは意識的に止めようと思っても難しいので、体のほかの場所（肩、腕、首など）に入っている力を、簡単なストレッチなどによって抜くことのほうが、震えの軽減につながることがあります。

　試験など、緊張する機会を重ねることも大切です。そうするうちに自分がどんなタイプかわかります。緊張はがんばってきた証拠と思って、うまくつき合っていきたいものです。

◉止まらない、弾き直さない

　練習や試験のとき、間違えた箇所を正しく弾けるまで、何度も弾き直す人がいますが、保育の現場の子どもたちは待ってくれません。もし自分が間違えても、子どもたちの歌は先へ進んでいきます。大切なのは間違えないことではなく（もちろん間違えないように弾けるように練習するのですが……）、止まらないことです。

　どんなに練習しても、緊張やその日の状況で多少の間違いはあるでしょう。そんなときは、まずはメロディ（たいていは右手）を残すこと。伴奏は入れるところから入りましょう。このとき、声がしっかり出ていれば、子どもたちにとってさほど大きな問題ではありません。もし両手とも止まってしまったら、声だけで乗り切りましょう。何があっても止

まらないこと、音楽の流れを止めないことは重要です。

◯歌とピアノのバランスに気をつけて

　弾き歌いのとき、私たちはついピアノをうまく弾こうとがんばってしまいます。もちろん、ピアノ伴奏が流暢であることは大切ですが、ピアノがどんなにうまくても、歌の声量が乏しかったり音程が曖昧だったりすると、自信のなさそうな、安心して聴けない演奏になってしまいます。

　保育の現場で子どもたちがもっともよく聴いているのは、ピアノの音よりも先生の声でしょう。子どもたちは先生が歌う声を聴いて歌を覚えたり、先生の歌い方をまねしたりして歌ったりします。

　肝心なことは、自分のレベルに合っていて、余裕をもって歌える伴奏を選定しておくことです。弾き歌いは歌とピアノのバランスが大切。自分の声量が十分か、音程は正確か、できれば日頃からまわりの人に聴いてもらいながら練習するとよいでしょう。

第15章

実習の振り返り

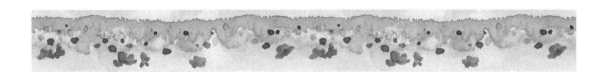

＜本章で学ぶこと＞

- 実習での経験を振り返りながら学んだことを明確化し、客観的にとらえます。
- 保育の専門家として必要な態度について学び、次の実践に生かせるようにします。

1. 実習のしめくくり

（1）実習の総合考察をまとめる（実習先への実習記録の提出）

　実習が終了し、実習の記憶が鮮明に残っているうちに、実習で学んだことをまとめて総合考察を書きます。実習での経験をとおしてとらえた子どもの姿や感じたこと・考えたことを振り返ることで、より深い学びにつなげることができます。総合考察を書き終えたら、実習日誌等の書類とあわせて実習先へ提出します。

★ 実習書類を提出する際の留意点

　提出書類一式（実習園の概況表・実習日誌全日分・実習の振り返りなど）をすべて揃えて、実習終了の翌日に直接実習園に持参します。実習園によっては提出期日を指定されることもありますので、提出については実習園に確認するほうがよいでしょう。また、提出した日誌を実習園から返却していただく際も原則的には実習生が園に出向いて受け取ります。実習後、書類の提出にうかがう際に受け取りの日時を確認しておくとよいでしょう。実習園が遠隔地の場合は、郵送で返却していただく場合もありますので、書類の受け取りに関しても事前に確認しておくようにしましょう。

（2）実習園に感謝の気持ちを伝える（お礼状の送付）

　保育者を目指すにあたり、子どもと関わりながら保育者の仕事を間近で観察し、直接指導を受けられるのは大変貴重な学びの機会です。

　幼稚園・保育所・認定こども園・施設においては、各々の園の教育目標・保育目標が定められ

ており、長期的・短期的な計画のもとに保育活動が行われています。保育者が子どもへの保育を計画的に進めているなかで、実習生を受け入れ、指導をするということは、皆さんが想像している以上に、保育者にとって大きな負担となることもあります。しかし、先生方は自分が実習生だった頃を思い出し、後輩の育成のために親身になって指導してくださいます。

実習中にも先生方へ感謝の気持ちを伝えることはできますが、実習が終わり養成校へ戻ってから改めて「お礼状」というかたちで感謝の気持ちを伝えましょう（第13章およびコラム参照：149ページ）。

2. 実習を振り返って学びを深める（自己評価からの学び）

実習期間中には、夜遅くまで実習日誌に一日の学びを記録したのではないでしょうか。その実習日誌には、皆さんが実習中に知り得た子どもの姿、保育者の姿、皆さんが気づいたこと・考えたこと、そして数々のエピソードのなかから、とくに印象に残っていることが記してあるはずです。

その日誌は実習期間中だけのものでしょうか。いいえ、そうではなく、それらの記録は実習中の自分の学びを見返して、どのような学びがあったのか、そして今後保育の専門家として働くうえで、どのような知識・態度を身につけていくべきなのかを明らかにしてくれる有用な資料となります。

筆者自身、保育士資格を取得して何年も経ちますが、時折、実習日誌を見返し「よかれと思って行った子どもへの関わりが、子どもの遊びを中断させていたかもしれないな」「子ども同士のトラブルが起きそうになると、すぐに止めに入ってしまい、子どもの気持ちをくみ取る姿勢がなかったな」など、過去の自分と今の自分を比較し、自分の保育観・教育観の変化を感じています。まさに、実習日誌は保育者としての歩みだしの大切な記録なのです。

(1) 自分の学びを振り返るための項目

では、皆さんは実習でどのような学びを得たのでしょうか。以下は実習の振り返りを行う際に、ぜひ取りあげてほしい項目です。まずは各自で実習を振り返り、学んだことを明確化していきましょう。

次の「実習の振り返りシート（個人ワーク）」には、振り返る際のポイントとなる項目を載せました。ぜひ活用してください。

「実習の振り返りシート（個人ワーク）」

1．実習前に立てた実習課題の達成度   ＜実習課題＞　　　　　　　　　　　　　　　　　　　　　　　　　＜達成度＞   ・　　　　　　　　　　　　　　　　　　　　　　　　　　　　　　　　　　　％   ・　　　　　　　　　　　　　　　　　　　　　　　　　　　　　　　　　　　％   ・　　　　　　　　　　　　　　　　　　　　　　　　　　　　　　　　　　　％   ・　　　　　　　　　　　　　　　　　　　　　　　　　　　　　　　　　　　％   ＜評価の理由＞   ・   ・   ・   ・
2．実習中の子どもとの関わりについて   （1）子どもとの関わりで難しかったこと   （2）その際の自分の対応
3．実習中に学んだ保育者の姿
4、実習中に保育者からいただいたアドバイス
5、実習前と実習後の自分の変化

（2）学友との情報交換からの学び（グループワーク）

　自分自身の実習の振り返りが終わったら、ぜひ取り組みたいのが、ほかの実習生との学びの共有・情報交換です。保育の形態・保育目標などは園ごとにさまざまな特色があります。実習生同

士がそれぞれの実習園での体験を語り合うことで、自分の考えだけにとらわれずに、実習での経験をより俯瞰して捉えることができます。次の「実習の振り返りシート（グループワーク）」を活用して学友とともに学びを深めましょう。

「実習の振り返りシート（グループワーク）」

1. 園ごとの特徴を把握する
【自 分】自分の実習園の教育目標・保育目標、保育内容について
例）子どもの主体性を大切にする、自由保育が中心の園である。
【学 友】学友の実習先の教育目標・保育目標、保育内容について
2. 実習中の子どもとの関わりについて
【学 友】子どもとの関わりで難しかったこと・その際の対応
3. 実習中に学んだ保育者の姿
【学 友】
4. 実習中に保育者からいただいたアドバイス
【学 友】
5. 学友との意見・情報交換を通して考えたこと

3. 実習先からの評価をもとに実習を振り返る（実習園からの評価）

　実習生が実習に関する提出書類一式（実習園の概況表・実習日誌全日分・実習の振り返りなど）を実習園に提出後、おおよそ2週間ほどで実習園から養成校に「実習の評価表」が提出されます。「実習の評価表」の様式は、さまざまですが、養成校が作成した用紙に記入していただく場合が多いようです。一般的には以下の評価の観点が用いられ、これらの項目の段階評価とあわせて、文章での総合評価が行われます。

> **＜実習評価の観点＞**
> (1) 実習態度
> ・明るさ（あいさつ／笑顔）
> ・積極性／意欲（質問する力）
> ・協調性（保育者との連携）
> ・探求心
> ・責任感（日誌などの提出物／頼まれた仕事への取り組み）
>
> (2) 保育の技術
> ・子どもへの関わり（子どもの気持ちへの寄り添い／適切な対応／わかりやすい説明）
> ・発達の理解
> ・保育環境の整備・理解
> ・適切な指導計画とその実施

　実習園からの「実習の評価表」をもとに、養成校において実習担当の教員と面談をします。その際に、実習園からの評価が伝えられることになるでしょう。評価項目のなかには、ショックを受けたり、保育者になることへの自信をなくしてしまったりするような評価があるかもしれません。一生懸命がんばったという気持ちがあるほど、予想外の評価結果に落胆するでしょう。

　しかし、評価結果を感情的に受け止めるだけでは学びにつながりません。実習園からの評価は、その実習園において、あなたがどのようにみられていたかを客観的に示すものです。今後どのように改善すべきか、課題を明確にするためにも、実習の反省の材料にしていきましょう。また、園によっての評価の観点が異なることも事実です。実習園での評価がおもわしくなかったからといって、すべての園が自分に合わないということでもありません。学友との情報交換の場で、さまざまな意見を聞き、反省を生かして自己課題に取り組みましょう。

4. 保育の専門家としての第一歩（実習をどのように生かすか）

　保育の専門家として重要なことは、子どもの姿から必要な援助や、その子どもに身につけてもらいたい「心情・意欲・態度」をとらえ、それを育てるために試行錯誤しながら関わる姿勢をもつことです。そして、一人ひとりの子どもに愛情をもって寄り添うことを徹底してほしいと思います。

　実習の振り返りを通して明確となった自分の課題にはどのようなものがあったでしょうか。それらの課題を克服するために、残された学生生活を意識的に過ごすようにしましょう。

(1) 養成校での日々の学びをより深める

　皆さんは養成校で幼児教育・保育に関するさまざまな科目を履修しています。子どもの発達について・保育者の役割について・子どもの遊びについてなど、さまざまなことを学びます。

　例えば、子どもの発達について予備知識がないまま実習に参加していたら、子どもの発達をとらえることができたでしょうか。養成校での理論的な学びがあったからこそ、実習中に実際の子

どもの様子から「あ、授業で学んだとおりだ」「ズリバイがじょうずになってきたから、ハイハイにつながるようにたくさん動けるような環境設定をしよう」など、さまざまなことを考え、配慮することができたのではないでしょうか。このように幼児教育・保育に関する知識を得ることにより、「自分にアンテナをはる」ことができます。子どもの遊びを観察するにしても、発達に関する知識や環境設定の知識を知っているのと知らないのとでは、気づきの質がまったく異なります。気づきの質が異なるということは、子どもの姿をもとにした保育計画への反映する内容が異なるということであり、日々の保育の質が変わってきます。

　保育の質の向上のためには、保育者の「子どもを見る目」を養うことが不可欠です。そのためにも、養成校での日々の学びを大切にし、保育者としての知識の土台としていきましょう。

(2) 社会人として

　まず実習を振り返ってみましょう。実習中、時間に余裕をもって実習園へ通うことができましたか。元気よくあいさつをしましたか。困ったことがあれば一人で抱え込まず相談をすることができましたか。気がかりなことは保育者に報告できましたか。指示を受けなくても、見通しをもって行動することができましたか。これらは社会人として身につけてほしい態度です。

★ 時間・期限厳守

　出勤時間・書類の提出期限などは必ず守りましょう。出勤時間は、その時間に出勤すればよいというものではありません。その時間になったらすぐに保育・教育活動が始められるように余裕をもって出勤する必要があります。また、時間や定められた期限を厳守するということは、職場の同僚との信頼関係を築くうえでも大変重要なことです。

★ 感謝の気持ちをもつ

　保育者の仕事は、とくに人との関わりが多いです。自分一人で完結できる仕事はなく、必ず誰かとの関わりのうえで仕事が成り立っています。何かを教えてもらったり、自分の手がまわらないときに助けてもらったり、そのような助け合いのなかで保育が行われています。日々感謝の気持ちを忘れず、感謝の気持ちを言葉で伝えるように努めましょう。

★ 他者を気遣う

　自分が何かできることはないか、同僚や保護者への気遣いを忘れずに接するように心がけましょう。相手を気遣い、助け合うことで信頼関係も構築され、結果的に自分の仕事もしやすくなります。

★ 責任をもって行動する

　就職すると、新人保育者であっても「保育者」の一人としてみなされます。経験が浅く、悩むこともあると思います。困ったときは必ず園長や同僚に相談し、一人で抱え込んだり、誤った判断をしたりしないようにしましょう。相談するということは「無責任な行動をとらないための責

任感のある行為」です。

　また、指示されたことだけをこなすのではなく、自分は何をすべきなのかを主体的に考え、行動する力も必要となります。

5.　実習後に保育者としての自分に自信がもてなくなった人へ

　「子どもがかわいい！」「子どもが好き！」「子どもと関わる仕事がしたい！」という気持ちで保育者になることを決意して勉強を始めた人であっても、実習中の様々な経験を通して、保育者になる自信をなくしてしまうこともあるかもしれません。しかし、実習中に何かしら失敗をしてしまったとしても、そこで「自分には向いていない」と判断することは大変残念なことです。まずはどのようなことが原因で自信をなくしているのか、きちんと整理してみましょう。

　以下の3つの相談事例を見ながら、それぞれの問題にどのような解決の糸口があるのかを考えてみましょう。

【事例①】子どもと関わることができませんでした

　子どもとの関わりについては、経験豊富な保育者であっても悩み続けるテーマです。同じ年齢であっても、当然、子どもは一人ひとり異なります。子どもへの関わり方に「これが一番！」という正解はありません。ベテランに見える保育者であっても、子どもの最善の利益のために日々、試行錯誤しているのです。

　まだ幼児教育について学び始めたばかりの皆さんは、子どもとの関わり方がわからなかったり、関わろうとしても子どもの反応がなかったり、難しさを感じることは当然のことといえるかもしれません。あまり気負わずに、保育者の子どもへの声かけを参考にしながら、自らも子どもと遊びを楽しむことを心がけてはいかがでしょうか。少しずつ子どもとの信頼関係を築いていけばよいと思います。あまりショックを受けすぎずに次に向けて気持ちを切り替えることも大切です。

【事例②】実習園／担任保育者と自分の保育観が合いませんでした

　実習園／担任保育者との保育観の違いを感じることがあっても、とくに落ち込む必要はありません。実習をとおして、さまざまな価値観にふれることもまた大切な学びです。自分と異なる保育観の園での実習であっても、自分の受け止め方次第でとても有用な学びを得られます。自分の保育観と照らし合わせて、どのような点で異なるのかを明確にすることができますし、自分の保育観に気づくこともできます。そもそも自分の保育観も不変のものではなく、経験や学びによって変化するものですから、自分がつくりあげてきた保育観が、どのような理由でつくられてきたのか、自分の保育観を改めて見つめる機会にもなります。

　実習園での経験だけで、すぐに自分の将来について判断してしまうのではなく、学友との情報交換などをとおして、さまざまな保育があるということを理解し、視野を広げて考えることが必

要です。

【事例③】保育者は忙しすぎる！　保育者になる自信がありません

　実習中、保育者の仕事を目のあたりにして、その専門性の高さに圧倒され自信がなくなってしまう学生もいます。しかし、圧倒されるほど魅力的な保育者に出会えたことは大変幸福なことです。子ども・保護者・同僚から慕われ、テキパキと仕事をする保育者の姿と、自分の姿を比較すると、怖気づいてしまうかもしれません。しかし、ベテランに見える保育者も、これまでさまざまなトラブルや悩みを乗り越えながら子どもと向き合ってきたのだと思います。その経験があるからこそ、専門家としての「保育者」になることができたのではないでしょうか。

　「保育者は子ども・保護者・同僚に育てられる」というつもりで、子どもとの関わりを純粋に楽しみ、困ったとき・判断に迷ったときは勝手に判断をせず、園長や先輩保育者のアドバイスを仰ぎながら解決し、自分と関わるあらゆる人と真摯に向き合い、それをコツコツと続けていけば保育者としての力がついてくるのではないでしょうか。

【参考文献】
・田中まさ子編『幼稚園教諭・保育士養成課程　幼稚園・保育所実習ハンドブック（三訂）』みらい、2011
・佐藤賢一郎著『やさしい保育の教科書＆ワークブック　保育所実習の事前・事後指導』北大路書房、2017
・松本峰雄監修『流れがわかる　幼稚園・保育所実習　―発達年齢，季節や場所に合った指導案を考えよう―』
　萌文書林、2015
・小櫃智子・守巧・佐藤恵・小山朝子著『幼稚園・保育所実習パーフェクトガイド』わかば社、2013

Column

実習 Q & A

Q. 実習のときに、はげまされた言葉はなんですか？

Aさん：はげまされたのは、大学のゼミの先生の言葉です。実習前に不安になる私に、「実習はうまくやることが大切なのではなくて、失敗してもいいから、一生懸命やることが大切」といわれて、気持ちがすごく楽になりました。それまでは、実習で失敗してはいけない、完璧にやらなくてはいけない、ピアノも間違ってはいけないとプレッシャーに押しつぶされそうで、毎日胃が痛くなる思いでした。しかし、先生の言葉でうまくやることを考えたり、失敗を恐れたりするのではなく、目の前の子どもたちを精いっぱい関わろうと思うことができました。

　実習のときは、ピアノがうまく弾けずに止まってしまったり、責任実習や部分実習のときに指導案どおりに進まなかったりしましたが、あせることなく落ち着いてできました。

＊ひと言アドバイス：大学の先生方は、学生のことをよく理解しているため、一人ひとりの学生に的確なアドバイスができるのだと思います。実習前に不安を感じたり、心配なことがあったりしたら先生に相談したり、話を聞いてもらったりすることで解決するかもしれませんね。

Q. 実習のときに救われたエピソードはありますか？

Bさん：施設実習のときに先生が巡回にきてくれたことです。児童養護施設で実習したのですが、はじめての宿泊実習だったので、それだけで不安でいっぱいでした。子どもたちとコミュニケーションもうまくとれずに悩んでいました。とくに「ためし行動」をする子どもにどう接したらよいかわからず、実習をやめたいと思っていました。そんなときに巡回の先生がきて、私の話を聞いてくれました。先生に話していたら涙が止まらなくなってしまいましたが、先生は落ち着くまで待ってくれて、やさしくはげましてくれました。コミュニケーションの取り方やどう対応すればよいかなどをていねいに教えてくれました。

　翌日から先生に教えていただいた方法で対応したら、少しずつコミュニケーションがとれるようになりました。子どもたちからも話しかけてもらえるようになり、実習が楽しく充実したものになりました。幼稚園教諭を目指していましたが、児童養護施設の保育士として働きたいと思うようになりました。

＊ひと言アドバイス：実習が始まると実習前には想定していなかったことが起こるものです。その際、どうしたらよいかわからなくなってパニックになる学生もいます。Bさんは巡回の先生に悩みを打ち明けることで、子どもとのコミュニケーションのとり方などがわかったことに加え、自分自身の気持ちの整理ができ、新たな気持ちで実習に取り組むことができました。実習中に困ったことができたら巡回の先生に相談しアドバイスをもらうこ

とで解決できることも多いと思います。

Q. つらいときに助けられたエピソードは？

Cさん：私は書くのが遅いので、日誌を書いたり、準備をしたり、指導案を書いたりしていたら、毎晩夜遅くまで時間がかかってしまい、睡眠時間が少なくなっていました。眠いし疲れているので、家族から話しかけられても「うるさいな」「だまっていて」と冷たく接していました。家族にあたってしまう私に、お母さんが私の好きなおかずをつくってくれたり、お父さんが「がんばっているな。無理するなよ」と声をかけてくれました。家族が温かく見守ってくれたことで、実習を乗り越えられました。

Dさん：私は一人暮らしをしているので、実習から帰ってきて食事の支度や洗濯などの家事をしなくてはいけなくて、嫌になってしまいました。ある日、お母さんから「大丈夫？ 大変ならお母さんそっちに行こうか」という電話がかかってきました。お母さんに来てもらうことはなかったですが、お母さんからの電話が力になりました。

＊ひと言アドバイス：家族のサポートは、大きな力になります。普段の生活のなかでは当たり前と感じることにうれしかったり感謝したりすることでしょう。

Q. 実習中にうれしかったことはありますか。

Eさん：いくら話しかけても返事をしてくれなかった子どもが、おままごとを一緒にやったことをきっかけに話してくれるようになったことです。

Fさん：「先生、大好き」と子どもがいってくれることや降園のときに「先生、明日もこのクラスにくる？」と聞いてもらえることです。

Gさん：毎朝、私を見つけると走ってきて、ギュッと抱きついてきたことです。

Hさん：実習最終日に手紙と似顔絵をもらいました。そのときに、「先生のことが大好きで、大きくなったら結婚したいと娘がいっているのです。もう実習が終わりなんてさびしいですね」と保護者の方から声をかけてもらったことです。

＊ひと言アドバイス：子どもとの関わりをあげる学生が多いですね。実習記録や責任実習は、大変でも子どもと関わることが楽しい、子どもと遊ぶのが好きという学生は多いです。実習中、なにげない子どものひと言やしぐさがうれしいということは、子どもたちも実習生の声かけや笑顔がうれしいということです。子どもたちとは笑顔で接し、積極的に話しかけましょう。

　実習中は一人で考えすぎてしまい、落ち込んだり、自信がなくなったりするものです。しかし、上記の例のようにまわりの方のサポートにより実習に向かう意欲が高まったり、不安が解消されたり、辛さを乗り越えられたりします。あまり考え込まず、困ったことがあったら大学の先生や実習先の先生にSOSを出し、アドバイスを求めましょう。まわりの方々があなたの実習を応援しています。実習先の子どもたちもあなたを待っています！

保育所・施設・幼稚園・認定こども園実習
持ち物チェックリスト

　学生の皆さん、これから「実習」が始まることになりますね？　実習が近づくにつれて「実習に何が必要？」とか「実習には何をもっていったらいいのかわからない」という声を聞くことがあります。

　そこで、皆さんが実習に出かける前に持ち物の確認ができるようチェックリストを作成してみました。ただしこのチェックリストにあげられているものは、代表的なものであり、すべてではありません。詳しくは養成校の実習担当の先生方や現場の先生方に聞いてみましょう。ぜひ実習直前に活用し、忘れ物がないよう気をつけましょう。

番号	持参物の項目	チェック確認欄
1	筆記用具（シャープペン、消しゴム、サインペン等）	☐
2	実習日誌	☐
3	印鑑（実印）	☐
4	食費代（給食費など）	☐
5	指定書類（検便など）	☐
6	保険証（複写もふくむ）	☐
7	実習日誌送付用の封筒・切手	☐
8	辞書	☐
9	衣類（着替え・ジャージ・体操服など）	☐
10	靴（運動靴、室内履きなど）	☐
11	箸（はし）	☐
12	名札（園児や利用者の方に名前を覚えてもらうため）	☐
13	シーツ*	☐
14	枕カバー*	☐
15	バスタオル*	☐
16	洗面用具*	☐
17	洗面用洗剤*	☐
18	飲み物など	☐
19	常備薬（風邪薬、胃腸薬など）	☐
20	エプロン	☐

＊ 13 ～ 17 は宿泊を伴う実習の場合。

巻末付録

巻末付録②

実習生の皆さんへ贈る
先輩からのメッセージ

◉ 夢をあきらめないこと！　なんでも話せる人をまわりにつくりましょう

K幼稚園教諭：M・Hさん

　幼児の保育を学ぶためにS県にあるK大学に入学しました。幼少期から「子ども」がとても大好きでしたので「将来は幼稚園の先生になる！」という強い思いをもち続けました。大学では、小学校教員免許の取得が絶対であったため、小学校教員と幼稚園教諭になるための学びを両方行うことになりました。毎日講義が「フルコマ」（注：全部の時間に講義がある状態）でしたので、正直つらい思いが多かったです。けれども「夢」を叶えるために「子ども」が大好きという思いをもち続けたことで、なんとか乗り越えられました。もっと子どものこと、保育のことを学びたいと思い、「子どもの遊び・文化＆教職総合実践ゼミ」に所属し、同じ目的をもった友人とともに保育体験を積んでいきました。

　幼稚園教育実習では、「たくさんのことを吸収しよう！」と取り組みました。長いようであっという間の実習期間でしたが、先生方の子どもに対する姿勢、実際の保育を見学することで、私の理想とする幼稚園教諭像ができました。指導案は正直自信がありませんでしたが、主任の先生から心温まるご指導をいただき、次第に自信に変わっていきました。毎日の活動も大変でしたが、子どもの笑顔を見ていたら、気づかないうちにがんばれていました。いまでも不思議に思っています。

　これから実習を迎える皆さん、私も最初は本当に幼稚園教諭として務まるのかな？と思っていました。しかし、私のまわりには同じ目標をもった仲間たちや、家族、先生方がいるということに気づきました。何かわからないこと、不安なこと、愚痴などがあれば、いつでも話してみましょう。心もすっきりして、次の日からがんばれますよ。私はまわりの皆さんに支えられていたのだと思います。皆さんもたくさん「味方」をつくったほうがいいですよ。そして最後まで夢をあきらめないことです。皆さん、実習を一生懸命がんばってきてください。応援しています。

◉ 苦手なことから逃げない！　得意なところでがんばることも大切です

Kこども園保育教諭：A・Yさん

　私は、ピアノが苦手でした。幼稚園教育実習で厳しく指導を受けることになったらどうしょうか？　といつも不安に思っていました。実習に行くと「おかえり」のときに、予想どおりピアノをお願いされました。正直つらかったのですが、これも先生になるための試練だと考え、緊張した状況で臨みました。そんなとき、主任の先生から「先生、失敗してもいいから、一生懸命弾いてみたらどう？」「子どもたちは先生が一生懸命ピアノを弾いているところ見てるから」とアドバイスをいただきました。

　主任の先生からのアドバイスをいただいて気持ちが楽になりました。翌日もその翌日もピアノを弾く機会がありましたが、自分なりに一生懸命弾きました。園児たちも一生懸

命大きな声で歌ってくれました。

　これから実習生として実習に行く人もいると思います。私のようにピアノ未経験者でも、ピアノを弾かなければならなくなることはあるでしょう。そのときは「いやだな」「つらいな」と思うかもしれませんが、弾けないなりに一生懸命取り組めばいいんだと思います。むしろ逃げないことが大事です。

　私はピアノは苦手なのですが、戸外で園児と遊んだり、絵本の読み聞かせしたりすることなどには自信があります。就職してからは、毎日ほぼ行っていますが、自信があることはどんどん前向きに取り組んでいけばいいと思います。

　人には得意、不得意があると思います。不得意なことから逃げず、得意なことはどんどん取り組んでいきましょう。皆さんの実習の成功をお祈りしています。

◎ やりたいことか決まっていなくても、とりあえずやってみる！
　そうすると、やりたいことがみつかるかも……

Ａ児童養護施設保育士：Ｗ・Ｈさん

　高校生の頃の私は、将来、何かになりたいという夢があったわけではありません。ただ、妹や弟と遊ぶのが好きだったので、とりあえずなにか子どもと関われるような仕事の資格をとってみようかな、という理由だけで大学を探し始めました。そして、保育士資格・幼稚園教諭免許・小学校教員免許・特別支援学校教員免許の資格が取得できること、実家から通学できること、この２つの理由からＡ大学に入学しました。

　１年生のとき、保育所・幼稚園・小学校・特別支援学校の現場を見学する時間がありました。子どもたちの様子は、かわいらしかったですが、卒業後、なりたい職業として決めることはできませんでした。そして、２年生以降のコース選択をしなければならない時期になりました。結局、友達に誘われて、保育士資格と幼稚園教諭免許を取得するコースを選択しました。やりたいことがはっきりしないままでしたので、当然、何となく授業に出席して、単位を取っているだけでした。

　そんななか、２年生の２月から保育実習が始まりました。１回目の保育実習Ｉは保育所での実習でした。私が通っていた園でしたので、知っている先生も残っていて、大きな不安はありませんでした。小さな子どもがかわいいとは思いましたが、長時間子どもと関わっても、保育所で働きたいという気持ちにまではなりませんでした。

　私の気持ちに変化が生まれたのは、３年生の８月に行った２回目の保育実習Ｉの施設実習でした。施設実習では、児童養護施設に行きました。保育士は保育所でだけで働くものだと思っていたので、児童養護施設というものがどのような施設かわからずに、実際に行くまでは不安でした。私が配属されたのは、幼児から小学校低学年の子どもが生活している部屋でした。はじめてその部屋に入ったとき、小さな女の子がそっと手を握ってきて、ちょこんと私の膝の上に座りました。なれなれしいな、と思いましたが、その子がこの施設に入所してきた理由を職員から聞くと、おどろくような境遇で、思わず涙が出てきました。それとともに、こんな世界も保育士の仕事としてあったんだ、ということをはじめて知りました。

実習中、子どもにどのように関わっていいか、わからずに苦労したこともありましたが、施設職員の人がていねいに教えてくれました。また、実習の合間に、職員の人になぜ児童養護施設で働くようになったのか、児童養護施設で働くことの楽しさなどの話を直接聞くことができました。実習が終わる頃には、こういう子どもたちと一緒に生活しながら支援する仕事なら、やってみたいかもしれないと思うようになりました。そして、実習後も週に２回、ボランティアとして同じ児童養護施設に通うことにしました。就職も地元の児童養護施設を設置している法人に決めて、児童養護施設への配属を希望し働いています。いまだにいろいろ大変なこともありますが、知れば知るほど、奥が深い仕事で、子どもに対する責任とやりがいをさらに感じています。

　大学入学前は、将来がまったく見えなかった私ですが、大学での経験からやりたい仕事が見つけられることもあります。私にとっては、それが施設実習でした。やりたいことがないないなら、とりあえずできることをやってみると、何かがみつかるかもしれません。実習は、その職業に就いている先輩の話をじっくり聞き、将来についてじっくりと考え、視野を広げることができるチャンスだと思います。

◎ 事前準備や事前学習をしっかりすれば、学びもより充実したものになります

Ａ児童発達支援センター保育士：Ａ・Ｒさん

　小さい頃から水泳が得意でした。その特技を生かして、高校生の頃より、障害児を対象にした水泳教室で水泳指導のアルバイトを始めました。このアルバイトは、大学を卒業するまで続けました。そのような経験の影響から、大学では保育士資格を取得して、障害を抱えている子どもに関わる仕事をしたいと思うようになり、Ｂ大学に入学しました。大学では、保育士資格、幼稚園教諭免許の取得と併せて、障害児に対する指導方法をしっかりと学びたいという気持ちから、特別支援学校教員免許状の取得にも挑戦することにしました。また、３年生になるときに、困っている子どもの指導・支援を考えることをテーマにしている先生のゼミに入りました。

　２年生の終わりから保育実習が始まりました。障害児に関わる仕事をしたいという気持ちは変わりませんでしたので、３年生の８月の施設実習では、障害児支援施設に行きました。ゼミの活動で障害児の指導方法を学んだり、水泳教室で障害のある子どもと関わったりしていましたし、特別支援学校教員免許取得の授業のなかでも、基礎的な知識は学びました。しかし、実際に長時間、一緒に子どもと過ごす経験はありませんでしたので、ちゃんとできるか不安でした。

　そのため実習に行く前、もう一度、障害の子どもの特性、障害のある子どもとの関わり方、遊び方などを学ぶ時間をゼミ活動のなかでつくってもらいました。このことが、実習で子どもと関わるときにとても役立ちました。子どもの特性が何となく理解できていたので、パニックになっている子どもを見ても、おどろくことなく対応できました。でも、やっぱり、うまくはできなかったので、最終的には、職員の方にお世話にはなりましたが、子どもが困っているときの対応方法を見られたことはラッキーでした。そしてもう一つ、私が部分実習を担当することになったときに、ゼミの時間に子どもとの遊び方について、

ゼミ仲間からいろいろな遊び方を事前に学んでおいたことが、とても役立ちました。集団ゲーム、創作活動などを組み合わせた部分実習を行うことができました。このように、反省点もたくさんありますが、始まるまでは不安だった実習が、事前に学んでおくことで、自分なりに充実した実習を行うことができました。

　実習先の施設では、こんな職員になりたいな、という職員の方に出会うこともできました。その人の子どもへの関わり方（子どもをしからない、いけないことをしたらその理由をちゃんと聞く、子どもが活動に参加できるようにさりげなく支援するなど）を学び、自分としても、このような保育士になりたいと思いました。これも、実習で得た成果の一つです。ここで見つけた理想とする保育士の姿は、今の私の保育士としての子どもへの関わり方の基本姿勢となっています。

　大学卒業後は入学前の夢をかなえて、障害児の水泳指導も活動に取り入れている法人の児童発達支援センターに就職し、保育士として障害のある子どもの発達支援に関わっています。まだまだうまくいかないことも多く、へこむこともありますが、子どもたちの成長を支える重要な役割を担う仕事で、やりがいを感じています。施設実習で学んだ事前準備や事前学修を大切にするという姿勢を継続し、理想とする保育士の姿を思い浮かべながら、精進しています。

おわりに　―このテキストを「無二の友人」「宝物」として―

　まず、本書を最後まで読んでくださり、どうもありがとうございました。心より感謝申し上げます。本書は、2019年5月16日に静岡の常葉大学において行われた「編集会議」をスタートに、監修の名須川知子先生、編著者の松村齋先生、小島千恵子先生、岡野聡子先生、中澤幸子先生、さらに各章およびコラムの執筆者の先生方をあわせた計24名の先生方の総力をあげて作成した心のこもったテキストになっています。「心のこもったテキスト」と述べたのは、全員の先生方が「学生のためにわかりやすい実習テキストにしたい！」という「共通の願い」のもと、心血注いで「良本づくり」を目指してきた賜物です。

　保育者になりたいけれど、「実習」ってどんなものなのだろう？　どんな準備をしたらいいのだろうか？　と不安に思う学生さんもきっといることでしょう。「第1章　実習と講義の違い　実習を行うのはなぜか？」では、みなさんにもわかるように内容がまとめられております。第1章をしっかり学習して、第2章以降に学習を進めていってください。

　「保育所って、どんなところなのだろう？」「幼稚園って、どんなところだろうか？」「認定こども園って、聞いたことがあるけど、どういうところなのだろうか？」「施設実習の施設って、どんなところだろう？」と感じている学生さんもいることでしょう。第3章から第10章までにそれぞれの施設の説明や実習のことなどが、詳しくまとめられています。ぜひ実習実施前に学習しておきましょう。

　「実習日誌の書き方がわからない」「指導案の書き方はわからない」という学生さんもいることでしょう。ぜひ第11章、第12章をしっかり参考にして、実際に書くことができるようにしておきましょう。どんなに優秀な学生さんでも、最初から実習日誌や指導案が書けるわけではありません。そのために本テキストではしっかり対応しています。躊躇せずに何度も何度も見て、練習してほしいと思います。「経験は力なり」です。

　「来週から実習だけど、何を準備したらよいのか？」「実習中に注意しなければならないことはなんだろう？」「実習後のお礼に手紙を書きたいけど、どう書いていいのかわからない」という学生さんもきっといることでしょう。第13章をしっかり読み込んでおきましょう。気分転換をしてみたいと思っている学生さんには「コラム」のコーナーを用意しています。実習の学びの息抜きに活用されたらどうでしょうか？

　「先輩たちは、実習でどうしていたのか？」と思っている学生さんもいることでしょう。保育所、幼稚園、認定こども園、施設で実際に勤務している保育者の皆さんの声についても掲載しています。先輩保育者の貴重なメッセージを見ながら、みなさんも自らを勇気づけてほしいと思っています。

　本書は、実習テキストであると同時に、実際に保育現場に就職してからも、「ちょっと見て確認したい」とか「忘れてしまったから、思い出すためにみてみたい」と思うこともあるかもしれません。その時のために就職後もぜひ活用してほしいと思っております。「無二の友人」として、また「私だけの大切な宝物」として、本書を長く愛してあげてほしいと祈念しています。

最後にこの実習テキストを作成するにあたり、どんなに多忙であってもいつも執筆者の意見に耳を傾けてくださり、「良書づくり」に一生懸命ご尽力いただきました萌文書林の赤荻泰輔さんには、この場をお借りして深謝申し上げます。

2020年2月

編者を代表して　田中　卓也

監修者・編著者・著者紹介

【監修者】

名須川知子　　　桃山学院教育大学教授／兵庫教育大学名誉教授

【編著者】

田中　卓也　　　育英大学教授
松村　　齋　　　椙山女学園大学准教授
小島千恵子　　　一般社団法人愛知県現任保育士研修運営協議会常務理事兼事務局長
岡野　聡子　　　奈良学園大学准教授
中澤　幸子　　　名寄市立大学准教授

【著　者】（本書執筆順）

佐藤　寛子　　　静岡産業大学准教授
関　　容子　　　東京福祉大学講師
増田　吹子　　　尚絅大学准教授
山本(岡田)美紀　　元環太平洋大学講師
植田恵理子　　　高野山大学准教授
赤塚めぐみ　　　常葉大学准教授
日隈美代子　　　静岡産業大学講師
橋爪けい子　　　元ひがしみかた保育園園長
田中　　路　　　東京純心大学講師
鈴木　和正　　　常葉大学准教授
中島　眞吾　　　中部大学講師
橋場　早苗　　　盛医ひまわり保育園園長
烏田　直哉　　　東海学園大学教授
山梨　有子　　　彰栄保育福祉専門学校講師
安氏　洋子　　　長野県立大学准教授
里見　達也　　　山梨県立大学准教授
中島　　緑　　　清和大学短期大学部講師
八幡眞由美　　　国立音楽大学准教授

（執筆分担はもくじに掲載）

〈取材・撮影協力園〉広陵町立真美ケ丘第一小学校附属幼稚園（奈良県）

三郷町立西部保育園（奈良県）

なでしここども園（岩手県盛岡市）

ふたばこども園（大分県大分市）

盛岡幼稚園（岩手県盛岡市）

装　　　幀 ● 美研プリンティング
本文DTP ● 美研プリンティング

保育者になる人のための実習ガイドブック A to Z
―実践できる！ 保育所・施設・幼稚園・認定こども園実習テキスト―

2020 年 3 月 30 日　初版第 1 刷発行
2023 年 4 月 25 日　初版第 2 刷発行
2023 年 12 月 25 日　第 2 版第 1 刷発行

監 修 者　名須川知子

編 著 者　田中卓也・松村　齋・小島千恵子・岡野聡子・中澤幸子

発 行 者　服部直人

発 行 所　㈱萌文書林
　　　　　〒113-0021　東京都文京区本駒込 6-15-11
　　　　　TEL 03-3943-0576　FAX 03-3943-0567
　　　　　https://www.houbun.com
　　　　　info@houbun.com

印刷・製本　モリモト印刷株式会社　〈検印省略〉